Erzengel Jophiel spricht

Erzengel Jophiel spricht

gechannelt von

Andreas Bader

ch. falk-verlag

Originalausgabe

Umschlaggestaltung: Ch. Falk und Ch. Riecken
Satz: Plejaden Publishing Service, Neetze
Druck: Druckerei Sonnenschein, Hersbruck

CD: Sprecher: Andreas Bader
Musik: Johanna Dorn

Printed in Germany
ISBN 3-89568-162-8

Inhalt

Vorwort 7
Das Experiment der Dualität 9
Sich selbst in der Tiefe verzeihen 12
Die Wahl 14
Du bist auf deinem Weg 18
Schuld und Vergebung: die göttliche Generalamnesie . . 20
Das Zeitempfinden im Goldenen Zeitalter 24
Die Angst vor der Angst loslassen 28
Die eigene Realität in Freude erschaffen 30
Freut euch auf das Goldene Zeitalter 34
Ich liebe mich in diesem Augenblick 38
Eine konkrete Herzensvision erschaffen 40
Ich umarme meine Angst 42
Rückkehr ins Goldene Zeitalter 46
Liebe heilt alles 49
Du bist einzigartig 51
Das göttliche Spiel ohne Angst spielen 54
Die Feier meiner Existenz 57
Anschluß an das Lichtgitternetz Gottes 60
Die sinnliche Wahrnehmung dieses Augenblicks 63
Du bist ein Geschenk für die Welt 65
Schule des Lachens und der Weisheit 1 68
Schule des Lachens und der Weisheit 2 74
Antwort aus meinem göttlichen ICH BIN 78

Botschaften aus meinem göttlichen Selbst 81
Das Fest des Lebens feiern 84
Ich lasse die Verwirklichung meiner Herzensvisionen zu . 87
Ich bin Liebe 90
Reise durch die Dimensionen 92
Ich sage ja 96
Der Atemstrom Gottes in mir 99
Ich entfache das göttliche Licht in meinem Körper . . 101
Ja, ich trete ein durch das Tor zum Goldenen Zeitalter . 103
Ich erschaffe jetzt in großer Leichtigkeit und Freude
meine Zukunft 106
Das Goldene Zeitalter ist in mir 110
Rückkehr in die Schwingung von Lemuria und Atlantis 113
Die Jokerengel bringen dich zum Lachen 116
Göttliche Eigenschaften annehmen 120
Meine Reise ins Glück 123
Ich schreibe das Buch meines Lebens neu 126

Über den Autor 130

Lieber Leser, liebe Leserin

Im Namen Jophiels und der jetzt anwesenden vielen Engel und Lichtwesen des goldgelben Strahles begrüße ich dich.

Dieses Buch gibt dir Gelegenheit mit allen deinen Bewusstseinsanteilen in deine goldene Lichtheimat einzutauchen. In oft spielerischer und leichter Form werden Informationen über das Goldene Zeitalter für deine Gefühle und deinen Verstand übermittelt. Noch wertvoller ist jedoch, dass du bei jedem Satz die wunderbare Engelsbegleitung unzähliger Engel und Lichtwesen des goldgelben Strahles fühlen darfst. Sie werden dich an die Hand nehmen und in meditativen inneren Reisen dafür Sorge tragen, dass du deine Verstandesängste loslassen kannst, um immer mehr zu fühlen, dass du ganz und gar geborgen bist in einem wunderbaren goldenen Liebesstrom aus dem Herzen Gottes. Dieser Liebesstrom wirkt seit langem zusammen mit vielen anderen lichtvollen Energien, um alles Seiende zurück in die göttliche Einheit und Glückseligkeit zu führen. So hat auf energetischer Ebene das Goldene Zeitalter bereits begonnen. Es kommt jetzt nur noch auf dein tiefes inneres Einverständnis und deine kontinuierliche Öffnung an, um dich jetzt den bereits eingeflossenen universellen Energien zu öffnen und all das in Empfang zu nehmen, was dir zugedacht ist. Und das bedeutet, in Freude und Leichtigkeit deine göttliche Schöpferkraft anzunehmen und anzuwenden, um all jene Wunder in dein Leben einzulassen, die deine Verstandesvorstellungen bei weitem übersteigen.

Ich freue mich sehr darüber, der Überbringer dieser Botschaften sein zu dürfen, durch die jetzt die Engel und Lichtwesen des goldgelben Strahles schon voller Vorfreude darauf warten, dich ein Stück weiter in deine goldene Lichtheimat begleiten zu dürfen.

Andreas Bader

Das Experiment der Dualität

Der höchste göttliche Wille geschehe.

Und so will ich mich erst einmal vorstellen. ICH BIN Jophiel, eine Urenergie Gottes, die ihr Erzengel nennt. Wir Erzengel oder Urenergien sind mächtige Ströme im Universum. Wir leiten und führen das euch bekannte materielle Universum, zusammen mit allen Engeln und Lichtwesen, die euch bekannt sind. Es gibt keine Hierarchien, wie ihr sie kennt, denn wir alle sind im Dienste des All-Einen und Ausdruck des All-Einen. Je höher ein Wesen in seiner Entwicklung heranreift, desto mehr spürt es in sich Verantwortung und Schöpferkraft. Wir alle haben diese große Verantwortung. Denn es gibt nicht das kleinste Teilchen im Universum, welches nicht die göttliche Ursubstanz in sich trägt. Jedes kleinste Teilchen oder Bewusstsein ist in ständiger Bewegung und gestaltet so fortwährend das euch bekannte Universum mit. Ihr alle seid in der Phase des Erwachens zu eurer göttlichen Meisterschaft. Ein jeder von euch hat erste Erfolge zu verzeichnen, was seine Meisterschaft anbelangt. Ihr habt euch gereinigt und geklärt und vermögt auch in eurem Bewusstsein immer mehr den Energiefluss aus eurem Herzen zu aktivieren. Ihr vermögt immer tiefer zu begreifen, wie ihr eure Realität mit euren Gefühlen und Gedanken erschafft, und ihr begreift immer mehr, dass ihr eure Realität aus dem goldenen Fluss eures Herzens erschaffen könnt, wenn ihr dies wünscht. Ihr alle seid Rückkehrer des großen Experiments, welchem ihr selbst den Namen Dualität gegeben habt. Nun, ich war dabei, als ihr damals beschlossen habt das große Wagnis einzugehen. Ihr seid das größte Wagnis eingegangen, welches jemals eingegangen worden ist. Ihr habt eure göttliche Einheit und Schöpferkraft ganz aufgegeben, um teilzunehmen an dem größten Spiel, Experiment, Plan, ganz wie ihr es nennen mögt. All das ist ein großes Spiel, welches ihr mit euch selbst spielt. Ein Spiel welches das All-Eine mit sich selbst spielt. Wir alle spielen mit in diesem großen göttlichen Spiel, welches im Grunde ein Spiel der Freude, der Kraft und der Kreativität ist. Und so sage ich euch als Erstes: Ihr könnt nichts falsch machen. Ihr könnt niemals außerhalb Gottes sein. Ihr könnt niemals etwas außerhalb Gottes denken, tun oder fühlen. Ihr könnt das Gefühl haben, verloren, angstvoll oder schlecht zu sein. Ihr könnt euch eine furchtbare Realität erschaffen – aus Ängsten, Schuldgefühlen oder ganz einfach, weil ihr diese Erfahrung machen wollt, aber ihr könnt nichts außerhalb von Gott tun. Also entspannt euch, und das sage ich auch zu diesem Schreiber, der meine Worte gerade niederschreibt. Alle Ängste und negativen Erwartungen dürfen jetzt losgelassen werden. Das alles ist Vergangenheit, das alles sind Gespenster der Vergangenheit, die ihr in die Zukunft projiziert habt. Viele von euch haben die Befürchtung in sich, dass sich die schlimmsten Erfahrungen und Gefühle, die ihr in anderen oder diesem Leben gemacht habt, wiederholen könnten. Aus dieser Angst heraus versteckt ihr diese Gefühle und diese Angst. Nun, ich sage euch, es wird sich nichts wiederholen. Die Schleier zu anderen Leben werden für die meisten von euch bald verschwinden, und ihr werdet deutlich erkennen, dass ihr nicht gefährdet seid und vor allem nicht dazu verdammt seid, alles noch einmal zu erleben. Also lasst eure tiefsten Ängste und Befürchtungen zu. Bald werdet ihr darüber lachen können. Und wisst ihr, was der größte Spaß der Aufgestiegenen Meister ist, zu denen ihr im übrigen bald gehören werdet? Sie lachen über die Meisterschaft, die ein jeder einzelne Mensch sich angeeignet hat, um sich ins tiefste Unglück zu stürzen. Denn es bedarf wirklich der ausgefeiltesten Tricks und Finessen, um sich selbst im wahrsten Sinne des Wortes, so „hinters Licht“ zu führen und so ins Vergessen der eigenen Göttlichkeit zu stürzen, dass tiefes persönliches und kollektives Unglück und Leid möglich ist. Nun, liebe Freunde, alles hat zwei Seiten in eurer Welt. Und so gibt es ja auch die Welt der Ernsthaftigkeit und des Mitgefühls. Denn wir wissen sehr wohl um euer tief und echt empfundenes Leid. Und so geht es tatsächlich für einen jeden von euch erst einmal noch darum, sich selbst alles zu verzeihen, unabhängig davon, ob es in Wirklichkeit Schuld gibt oder nicht, und unabhängig davon, dass ihr ja schon wisst, dass nur ihr selbst und niemals das Universum euch schuldig spricht oder bestraft.

Sich selbst in der Tiefe verzeihen

Schuld ist ein zentrales Thema für einen jeden von euch, denn für die meisten von euch liegt der Schlüssel zu einem glücklichen Leben ganz einfach darin, sich dieses selbst zuzugestehen. Warum glaubt ihr, dass so viele von euch noch in materiellen Ängsten und emotionalem Unglück leben, obwohl ihr doch so viel getan habt, so viel aufgelöst und an euch gearbeitet habt? Nun, einer der Gründe sind Schuldgefühle aus vergangenen Leben. Diese Schuldgefühle tun mehr weh als alles andere; bzw. das, was weh tut, ist, dass ihr alle Leben gelebt habt, in denen ihr die schlimmsten Sachen getrieben habt. Dies wisst ihr alle und dennoch sind euch diejenigen Augenblicke nicht mehr bewusst, in denen ihr nach solchen Leben vor euren Schöpfer getreten seid und all eure Taten im Glanze eurer eigenen Göttlichkeit betrachtet habt. Diese Augenblicke waren die schmerzhaftesten Augenblicke aus all euren Leben. In diesen Augenblicken habt ihr euch geschworen, nie wieder Unrecht zu tun. Im Glanze eurer eigenen Göttlichkeit habt ihr euch dann oft zu viel vorgenommen für euer nächstes Leben; seid dann wieder nach euren eigenen Maßstäben gescheitert und so weiter. Liebe Freunde, sprecht euch endlich frei. Gönnt euch ein glückliches Leben. Hört auf mit diesem Spiel und begreift, dass ihr wirklich frei seid. Hört auf, euch für irgendetwas zu bestrafen, was ihr irgendwann einmal getan habt. Schuldgefühle sind töricht und unnütz. Sie nützen niemandem, außer dass ihr vor euch selbst einen Augenblick den Schmerz betäubt, zu sehen, wer ihr wirklich seid und wart. Lasst doch einfach zu, liebe Freunde, dass ihr die größten und fiesesten Schurken wart! Wie wunderbar, was wäre die Weltgeschichte ohne Schurken, und, liebe Freunde, einem jeden und einer jeden hat es Spaß gemacht, ein Schurke zu sein. Und das, liebe Freunde, wollt ihr vielleicht am allerwenigsten zugeben. Ihr hattet eine süße Illusion von Freiheit. Abgesehen davon, dass ihr es oft genossen habt, den Verlogenheiten des normalen Weltenverlaufs ein Schnippchen zu schlagen. Hört endlich auf damit, im Nachhinein nur die Opfer der Weltgeschichte sein zu wollen. Ihr alle habt den sogenannten bösen Weg ausprobiert, um festzustellen, dass er nicht funktioniert. Das lässt euch jetzt so gut und mitfühlend und so verzichtend sein. Liebe Freunde, hört auf damit, so gut sein zu wollen, und versöhnt euch mit den Schurken, die ihr in vergangenen Leben wart. Nun, liebe Freunde, dann seid ihr Heilige. Dann, wenn ihr schmunzeln könnt über diese vergangenen Versuche, frei zu sein und euer Glück zu machen. Seid weise und erkennt, dass ihr jede Erfahrung in vergangenen Leben genau so machen wolltet, wie ihr sie gemacht habt. So seid ihr gereift. Und ihr seid ja auf diesen Planeten gekommen, um die verbotenen Früchte zu kosten. Die schlimmsten Taten haben euch auf dem Weg der Liebe vorankommen lassen. So verzeiht euch, liebe Freunde, alles, was ihr tatet, und verzeiht euch auch, dass ihr vieles nicht aus eurer Herzensliebe heraus unterlassen habt, sondern weil ihr schlichtweg Angst vor Bestrafung hattet. An diesen Punkten werden euch die Engel und Lichtwesen helfen, eure Ängste und Illusionen aufzulösen.

Gott zum Gruße

Die Wahl

Ich begrüße dich, lieber Freund, liebe Freundin, von meinem goldgelben Strahl der Einheit. Ich bitte dich, nun einmal deine üblichen Ängste und Anspannungen abzulegen. Dieser Augenblick, lieber Freund, liebe Freundin, ist ein wunderbares Ereignis, denn du bist, während du diese Zeilen liest, immer mehr eingetaucht in meinen goldgelben Strahl der Einheit und der Freude. Denn es soll ja um das Goldene Zeitalter gehen. Stelle dir einmal vor, dass jetzt alles um dich herum in reinstes Gold getaucht ist: dein Körper, deine Umgebung, deine Gedanken, deine Gefühle . Schließe einen Augenblick die Augen und sage: ICH BIN die goldgelbe Energie Gottes. ICH BIN die alles verbindende und vereinigende Energie Gottes. Tiefer göttlicher Frieden ist in mir. Ganz gleich was mich beschäftigt, bedrängt oder beängstigt, dieser Augenblick ist ganz und gar durchtränkt von reinstem göttlichen goldgelbem Liebeslicht.

Und nun stelle dir weiterhin mit geschlossenen Augen vor, wie dich Myriaden von goldenen Lichtengeln umschweben. Du nimmst ihre Leichtigkeit und Eleganz wahr. Du nimmst ihre Heiligkeit und Hoheit, ihre himmlische Präsenz war. Sie sind von gelassener Weisheit und von göttlicher Freude erfüllt, und sie freuen sich, dir gerade einen Einblick in ihre Welt geben zu dürfen. Eine Welt, die dir energetisch bald noch mehr zur Verfügung stehen wird, denn du, lieber Leser und liebe Leserin, hast dich ja ebenfalls dazu entschlossen, das Goldene Zeitalter auf diesem Planeten mit zu installieren. Jetzt sind alle deine Bewusstseinsanteile aufgeladen mit reinstem göttlichen Gold und du gleitest immer mehr auch mit deinem ganzen Körperbewusstsein in einen Zustand der Freude, Heiterkeit und Gelassenheit. Du fühlst immer mehr die Einheit mit allem Seiende und wie alles durchflutet ist von goldgelber Einheitsenergie. Du weißt und fühlst, dass alles in deinem Leben Bestandteil dieser großen allumfassenden Einheit ist und dass du keinen Gedanken, kein Gefühl aussparen musst. Alles ist gut so, wie es ist. Und nun fühlst du, wie ein großer, liebevoller Engel mit einer großen Tafel auf dich zukommt. Du fühlst seine mächtige, liebevolle Präsenz, die dich ganz einhüllt. Und auf der großen steinernen Tafel steht in großen Buchstaben: „freie Wahl" . – Lasse die Worte auf dich wirken, ohne sie wegzudrängen oder erklären zu wollen. Was fühlst du bei diesen Worten , wie wirken sie auf dich? –

Alles, was du fühlst, ist gut und richtig. Der mächtige Engel gibt nun die Steintafel an einen anderen Engel weiter und bekommt eine neue Tafel. Auf ihr steht in ebenso großen goldenen Buchstaben :

„Nimmst du die Wahl an?" Lasse die Worte ebenfalls, ohne zu denken, auf dich wirken. – Wenn dich ein unangenehmes Gefühl beschleichen sollte, so ist das in Ordnung. Lass es ganz einfach da sein, bis es sich auflöst. Der goldene Engel gibt auch diese Tafel weiter und zeigt dir eine Tafel mit den Worten: „Ich nehme die Wahl an"

Lasse die Worte ganz einfach auf dich wirken. Du musst nichts tun, musst dich nicht entscheiden.

Lieber Leser, bitte nimm dir für diese Übung ein wenig Zeit und wiederhole sie mehrmals, wenn du magst. Lieber

Freund, liebe Freundin, ich war dabei, als du aus der Einheit gegangen bist, und ich habe die Aufgabe, dich auf dem goldenen Strahl wieder mit hinein zu begleiten in die Einheit. Ich möchte dir mit meinen Legionen und meiner Einheitsenergie einen freudigen Weg, eine goldene Brücke bereiten, über die du mit Weisheit, Gelassenheit und Humor wieder zurückgelangen kannst in deine lichtvolle Heimat. Und du hast sicher schon herausgefunden, dass dies die Frage war, die du beantwortet hast, als du dich entschlossen hast, in die Dualität zu gehen. Du hast die freie Wahl angenommen, im Gegensatz zu uns Engeln, die wir immer im uneingeschränkten Energiestrom Gottes verankert waren und immer sein werden. Wir machen auch unsere Entwicklung und wir profitieren von euren mutigen Schritten in der Dualität.

Ihr dürft euch das so vorstellen, dass ihr auf dem Spielfeld agiert oder auf der Bühne und wir die Zuschauer sind. Ihr dürft sicher sein, dass wir euch mit unserem feinstofflichen Applaus energetisch unterstützen und dass wir euch zwischen den Spielen als Coach zur Verfügung stehen. Natürlich habt ihr die schwierigere Position, verglichen mit uns Engeln. Aber, liebe Freunde und Freundinnen, macht euch bewusst, dass ihr, egal wie ihr euch auch fühlen mögt, die Hauptdarsteller seid und wir euch mit einem lachenden und einem weinenden Auge begleiten. Die lachende Seite fühlt die unendliche göttliche Freiheit und Glückseligkeit, die weinende, was nur der Anschaulichkeit halber so dargestellt sei, ist sich bewusst, dass eine jegliche Erfahrung in der Dualität eine einmalige Perle im Universum ist. Deshalb betrachten und begleiten wir euch mit dem allergrößten Interesse und fiebern mit euch mit, wie mit einer Heimmannschaft, der man nichts sehnlicher wünscht, als dass sie gewinnt. So wünschen wir euch nichts sehnlicher, als dass ihr all die selbstgewählten Hürden und Lernaufgaben mit Bravour meistert. Und ihr glaubt gar nicht, wie sehr wir uns freuen, wenn ihr uns einladet, mitzuspielen und euch zu unterstützen. Denn dann können wir teilhaben als Unterstützer und Berater in dem großen spannenden Spiel der Dualität.

Du bist auf deinem Weg

Hier ist Jophiel.

Ich tauche dein Zimmer in goldgelbes Licht der Erneuerung mit neuen Gedanken und Gefühlen. Vertraue darauf, dass ich als mächtige Energie hier in diesem Zimmer bin. Lieber Freund, liebe Freundin, es geht in deinem Leben um die goldgelbe Energie des Frohsinns, der Heiterkeit, der Gemeinsamkeit. Alles in deinem Leben hat einen Sinn. Jegliches Gefühl, jeglicher Gedanke, alles in dir ist gut und richtig: die Wege, die du gehst, auch die vermeintlichen Umwege. Es gibt keine Zeit des Nicht- Lernens. Es lernt in dir. Es lernt durch dich. Es ist nicht möglich, die göttliche Energie zu blockieren. Ist es möglich, einen Fluss aufzuhalten, der auf dem Weg ins Tal ist? Du kannst ihn stauen, jedoch niemals aufhalten. Und so wird zurückgehaltene Energie zu einer mächtigen Kraft in dir, mit der du sinnvoll umgehen solltest.

Lieber Freund, liebe Freundin, es geht um eine komplette Neuwerdung in dir. Alles in dir wird neu, und ich möchte, dass du mich als Freund betrachtest. Auch wenn ich eine mächtige göttliche Urquelle repräsentiere, so bin ich doch seit Anbeginn der Zeiten mit dir verbunden.

Die Zeichen stehen auf Einheit, auf Freiheit und Brüderlichkeit. Du wünschst dir doch nichts sehnlicher, als glückselig zu sein! Nichts kann dir geschehen. Der schlimmste Fall, den du dir vorstellen kannst, wird nicht geschehen, deshalb weil du spürst, dass du ihn schon durchlebt hast. Auf einer tiefen Ebene bist du bereits angstfrei, weil du weißt, dass du immer angebunden bist an die göttliche Urquelle und dass dir diese Angebundenheit durch nichts genommen werden kann. Deine größte Angst ist die der Abspaltung von deinen Gefühlen und von deiner Göttlichkeit. Spürst du die wunderbare goldgelbe Urenergie aus dem Herzen Gottes, aus deinem eigenen goldenen Herzen? Vertraue dir, mein Freund. Bald werden alle alten Bedenken aus deinem Leben verschwunden sein. Hast du nicht dein tiefstes Ja –Wort gegeben zu höchster göttlicher Wahrheit? Glaubst du nicht, dass sich alles Seiende freut über dieses Ja-Wort, über diese Hingabe an das Leben und alles Seiende? Lieber Freund, liebe Freundin, du wünschst dir immer noch, immer das Richtige zu tun. Das Richtige ist immer das, was du entschieden hast, egal wohin dich diese Entscheidung bringt. Es ist deine Entscheidung gewesen und somit die richtige. Du hast solche Angst, Entscheidungen zu treffen, die dich wieder zurückführen in alte Schuldgefühle, Gefühle der Einsamkeit und der Abgespaltenheit. Ich sage dir in großer Klarheit und Deutlichkeit: Diese Zeiten sind endgültig vorbei. Deine Liebe strömt rein und klar aus deinem göttlichen und aus deinem physischen Herzen. Spürst du es?

Du bist ein Kind Gottes – du bist ein Kind Gottes – du bist ein Kind Gottes.

Wie gefällt dir das, dass du dieses spürst, während du es liest?

Alles ist gut, so wie es ist.

Jophiel

Schuld und Vergebung: die göttliche Generalamnesie

Wieder habe ich mit meinen Legionen diesen Raum in den goldgelben göttlichen Strahl getaucht; in den Strahl, der dich unmittelbar mit deiner lichtvollen Heimat verbindet, wonach deine Sehnsucht immer größer und größer wird. Und zum Trost möchte ich dir sagen, dass der Himmel, deine lichtvolle Heimat, viel näher bei dir und in dir ist, als du es in diesem Augenblick wahrnimmst. Und so wollen wir uns heute mit deinem Einverständnis einem neuen Kapitel zuwenden. Dem Kapitel der Vergebung. Du magst meinen, dass Vergebung nur ist, wo auch die Schuld ist, und nachdem es ja in Wirklichkeit keine Schuld gibt, wozu sollte die Vergebung nötig sein? Nun, lieber Freund, liebe Freundin, zum einen verhält es sich so, dass ihr alle ja euer Menschsein und damit die Gefühle von Schuld und Vergebung noch nicht gänzlich hinter euch gelassen habt, und zum anderen gibt es eine Vergebung, die in viel umfassenderem Sinne wirkt, als du dies jetzt fühlen magst. Die Vergebung, die ich meine, ist eine Art Generalamnesie für die gesamte Schöpfung. Das hat sehr viel mit dem göttlichen Strom der Gnade und den Strömen der Transformation und Umpolung zu tun. Kommen wir zunächst auf den ersten Aspekt zu sprechen. Jeder von euch weiß, was Vergebung bedeutet. Wenn du jemanden verletzt hast, ob bewusst oder unbewusst, und dieser jemand dir dann vergibt und ihr euch dabei umarmt, dann weißt du, was Vergebung ist. Das ist unmittelbar, das ist real und menschlich und außerhalb jeglicher Konzepte über die Existenz von Schuld und Vergebung. Das hat damit zu tun, anzuerkennen, dass ihr als zwei Menschen zutiefst durch euer Menschsein und eure Gefühle miteinander verbunden seid und dass ihr beide euch in der heilenden Schwingung der Liebe begegnen wollt. Genauso verhält es sich mit der allumfassenden Schwingung der Vergebung und Gnade, die gerade allgegenwärtig in dem euch bekannten Universum wirkt. Es bedeutet, dass ihr, wie ihr ja bereits wisst, alle angehoben werdet in eurer Energie und damit zusammen mit der gesamten Schöpfung dem Herzen des All-Einen ein Stück näher kommt. Das bedeutet in einem tieferen Sinn, dass alle dunklen Anteile, die ja ein jeder für sich durch sein Handeln erschaffen hat, durchlichtet, also vergeben werden. Ich nenne dies Vergebung, weil dies tatsächlich wie eine wunderbare große Reinigung bzw. Generalamnesie wirkt. Ihr müsst diese Anteile nicht mehr in diesem oder kommenden Leben als belastendes Gepäck mit euch herumtragen. Es genügt euer Einverständnis, dass alle alten, unerledigten Dinge durchlichtet und integriert werden, und alles wird aufgelöst, was euch bedrängt hat. Und dieser Vorgang kann als die große göttliche Gnade der Vergebung bezeichnet und auch so von euch empfunden werden. Natürlicherweise kann auch diese große Vergebung nicht ganz schmerzfrei vonstatten gehen, denn zumindest in dem Augenblick, in dem die alten Bewusstseinskammern vom Strom göttlicher Gnade geöffnet werden, empfindet ihr noch einmal für einen kurzen Augenblick Angst, Schmerz, Wut, Verzweiflung, oder ihr spürt den Schock darüber, was ihr da getan habt, oder wer ihr wart. Natürlich öffnen sich im Laufe dieses Prozesses auch die lichtvollen Kammern eures göttlichen Potenzials und eurer göttlichen Fähigkeiten. Auch das ist ein

Vorgang, den ihr gar nicht aufhalten könnt, wenn ihr einmal tief ja gesagt habt. Und was geschieht mit all jenen, die all dies noch nicht wissen und die lieber im alten Bewusstsein bleiben wollen? Nun, auch hier wirkt ja die Schwingungserhöhung gleichermaßen. Nur dass hier das Öffnen der alten Bewusstseinskammern oft schmerzhaft empfunden wird. Oft herrscht dann das Gefühl vor, von diesen alten Gefühlen überschwemmt zu werden, ohne dass man es verhindern kann. Und oft genug werden diese Anteile so weit zurückgedrängt, dass die Energie, die befreit werden möchte, sich in Form von inszenierter Lebensrealität zeigt. Das heißt, da diese alten Anteile nicht gesehen werden möchten und aufgrund der globalen Schwingungserhöhung dennoch die Zeit gekommen ist, dass sich diese Kammern energetisch öffnen, wirken all die freigewordenen negativen Gefühle und Glaubenssätze aufgrund des Gesetzes der Anziehung. Und all diese Gefühle und Glaubenssätze ziehen dann Ereignisse, Geschehnisse und Gefühle in die Lebensrealität, die ähnlich niedrig schwingen. Auch so geschieht Auflösung, Schwingungserhöhung und Transformation, die jedoch viel schmerzhafter und aus der Position des Opfers heraus wahrgenommen wird.

Und deshalb bedeutet Transformation in Leichtigkeit und Freude, dass ihr ein mutiges Ja-Wort sprecht, alle alten Bewusstseinskammern mit Hilfe der Engel und Lichtwesen durchlichten lassen zu wollen. So erobert ihr euch Stück für Stück euer persönliches Paradies auf Erden zurück. Denn wie ihr wisst, habt ihr ja alle Schlange gestanden, als die Erdenplätze in dieser Umpolungszeit vergeben wurden. Und so konnten sich viele alte Seelen nicht unbedingt in den Familien inkarnieren, die sie sich optimalerweise gewünscht hätten. Und es gibt einige von euch reifen und alten Seelen, die sich ein wenig überschätzt haben, wenn es darum ging, energetisch die Familien zu unterstützen, in die ihr euch hinein inkarniert habt.

Das Zeitempfinden im Goldenen Zeitalter

Wir erhöhen die Energie des goldenen Strahles für dich, lieber Leser, der du diese Zeilen liest. Ströme des goldenen Lichtes durchfluten alle deine Bewusstseinsanteile, deinen Körper und tauchen auch dein unmittelbares Umfeld in goldenes Licht. Was ist denn nun das Goldene Zeitalter, magst du dich fragen?

Es ist das Zeitalter der Liebe. Es ist das Zeitalter des Übergangs in die endgültige Göttlichkeit des göttlichen Ursprungs. Einige sprechen von tausend Jahren, doch ist dieser Zeitraum ungewiss. Sowohl die gesamten kosmischen Entwicklungsprozesse unterliegen teilweise dem freien Willen und sind von flexiblen Faktoren abhängig, die nur das schöpferische Prinzip selbst kennt. Zum anderen löst sich ja, wie ihr bereits zu spüren begonnen habt, euer bisheriger Begriff von Zeit auf. Das bedeutet, dass ihr euch immer mehr in die Energie der Einheit begebt und dadurch die beiden Zeitspiralen, die immer den Kosmos durchwirken, mehr und mehr gleichzeitig wahrnehmen könnt. Sicherlich ist euch schon aufgefallen, dass ihr zuweilen das Gefühl habt, dass unüberschaubar viel in eurem Leben in kürzester Zeit geschieht. Die Ereignisse scheinen sich dann zu überschlagen. Gleichzeitig habt ihr aber das Gefühl, dass die Zeit selber dahinrast. Die Zeit wird als schneller und intensiver erlebt und gleichzeitig wie gedehnt, so dass in dieser „Dehnung“ scheinbar mehr Ereignisse

Platz finden als vorher. Durch die erhöhte Schwingung in euren Emotional- und Mentalkörpern beschleunigen und erleichtern sich eure Entwicklungsprozesse immer mehr, haben also im Empfinden mehr Ereignisse Platz als vorher in der gleichen Zeit. Gleichzeitig bewegt ihr euch durch das zunehmend gleichzeitige Empfinden der beiden Zeitspiralen immer mehr hinein in die sogenannte „Jetzt-Zeit". Jetzt-Zeit bedeutet in dieser Terminologie, dass beispielsweise die meisten Ereignisse, die schon viele Jahre zurückliegen, so empfunden werden können, als hätten sie gestern stattgefunden, und so der Eindruck entsteht, die Zeit würde dahinrasen. In Wirklichkeit bewegen wir uns alle immer mehr in das sogenannte Jetzt-Kontinuum bzw. die „Jetzt-Zeit". Jetzt-Zeit bedeutet: mehr und mehr eingebettet zu sein in eurem göttlichen ICH BIN, in eurem Lichtkörper. Und deshalb sind euch eure verschiedenen Bewusstseinsebenen immer mehr im Hier und Jetzt zugänglich. Das bedeutet, dass Gefühle und Ereignisse aus vergangenen Leben immer mehr natürlicher Bestandteil eures jetzigen Lebens sind. Das bedeutet, dass der Zugang zu euren Parallelrealitäten immer selbstverständlicher wird und aus diesen energetischen Realitätsebenen in euch könnt ihr immer einfacher eure jetzige Lebensrealität durch Denken und Fühlen von göttlichen Gedanken und Gefühlen erschaffen. Das heißt, ihr habt so immer mehr den Eindruck, in die Zukunft schauen und diese Zukunft nach euren Wünschen erschaffen zu können. In Wirklichkeit gibt es keine Vergangenheit und Zukunft. Alles spielt sich im göttlichen Hier und Jetzt, eben in der Jetzt-Zeit ab. Je mehr ihr die Zeit aus eurem göttlichen Zentrum heraus wahrnehmt, um so mehr verschwimmen die Grenzen zwischen Vergangenheit, Gegenwart und Zukunft, bis euch schließlich die Zeit gänzlich als Illusion vorkommen wird und ihr erkennt, dass letztlich nur Einheit und Sein existieren, nicht aber die Zeit.

Es ist, als ob ihr euch immer mehr in das Innere eines Kreises hineinbewegen würdet. Ihr wart gewohnt, euch an dem äußeren Rand des Kreises in eine Richtung zu bewegen, und ihr nehmt dieses als den Ablauf der Zeit wahr. Nun geht ihr immer mehr in das Innere des Kreises in Richtung eures göttlichen Kerns, und dadurch nehmt ihr immer mehr den Zusammenhang, die Einheit alles Seins wahr und eben auch die Einheit der Zeit. Aus der Perspektive dessen, der sich immer mehr in die Mitte des Kreises begibt, ergibt sich immer mehr das veränderte Zeitempfinden, wie es am Anfang beschrieben worden ist. Je mehr ihr euch in euren göttlichen Kern hineinbewegt, umso mehr habt ihr auch das Empfinden, immer größere Abschnitte an der Peripherie des Kreises, bestehend aus Vergangenheit, Gegenwart und Zukunft, überblicken und empfinden zu können. Dies ist selbstverständlich nur ein nützliches Modell für euren Freund Verstand, welches euch ein bisschen helfen soll, die Dinge greifbar zu machen, die letztendlich nur durch das konkrete Erleben in eurer göttlichen Mitte ganz begriffen werden können.

Gott zum Gruße

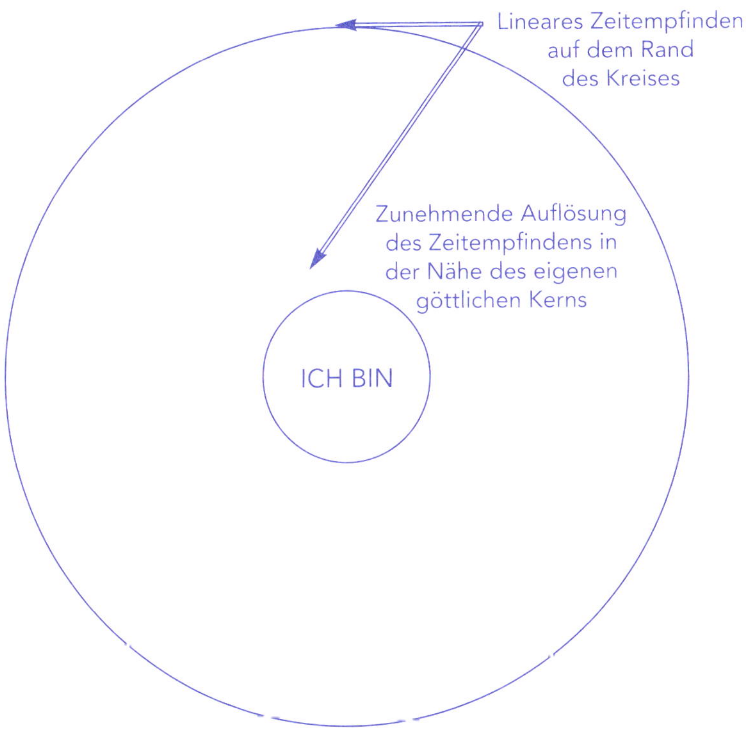

Abb.: Zeitempfinden

Die Angst vor der Angst loslassen

Vertrauen ist ein zentrales Thema für jeden Menschen. Ohne Vertrauen gibt es kein menschliches Miteinander und keine langfristigen Beziehungen. Fast alle von euch vertrauen sich selbst oder anderen nicht bedingungslos. Ihr mögt alle gute Gründe aus diesem oder anderen Leben haben für euer Misstrauen, jedoch ich sage euch, es gibt keinen wirklichen Fortschritt in euch und in euren Beziehungen, wenn ihr nicht lernt, bedingungslos zu vertrauen. Vertrauen existiert in unseren Sphären deswegen nicht, weil wir ganz einfach „sind". Wir befinden uns im absolut sicheren Gefühl des Einsseins mit allem Seienden, welches durch nichts erschüttert werden kann. Wo es keine Ängste gibt, da braucht es kein Vertrauen. Ihr dagegen befindet euch in einem grundsätzlich unsicheren Zustand, in dem ständig etwas Unvorhergesehenes passieren kann. Ihr habt Angst, enttäuscht, verletzt, verlassen oder übers Ohr gehauen zu werden. Nichts kann euch passieren, liebe Freunde, selbst wenn das passiert. Das Schlimmste, was euch passieren kann, ist eure Angst, die euch davon abhält, in der Tiefe zu vertrauen. Und diese Angst zieht ja, wie ihr wisst, genau das an, wovor ihr euch fürchtet. Wenn ihr also beschließt, hier und jetzt eure Angst aufzugeben, dann kann das nicht eintreten, wovor ihr euch fürchtet. So einfach ist das. Ihr könnt es euch ein bisschen leichter machen, indem ihr euch sagt: Selbst wenn meine Befürchtungen eintreten, so hat es doch keinen Sinn, mir die ganze Zeit meine Ängste zu kreieren. Wovor immer ihr auch Angst haben mögt: in dem Moment, in dem eure Befürchtungen eintreten, verschwindet die Angst und die Situation ist in den allermeisten Fällen nicht so schlimm, wie es euch das innere Angstszenario vorgegaukelt hat. Und vor sich selbst haben ja die meisten von euch am allermeisten Angst; davor, dass ihr im innersten Kern schlecht seid und all dies früher oder später ans Tageslicht kommen wird und alles zerstören könnte, was ihr euch aufgebaut habt. Liebe Freunde, atmet jetzt einmal tief durch und spürt in euch den Atem des Friedens und des Loslassens. Ihr habt bereits das Tor geöffnet zum Goldenen Zeitalter, und glaubt mir, alles wird wunderbar.

Gott zum Gruße

Die eigene Realität in Freude erschaffen

Lieber Freund, heute soll es um die Freude gehen. Genau genommen kannst du dich an allem freuen, lieber Leser. Fange damit an, dich über diese Worte zu freuen. Du hast dir Zeit genommen, so dass du es genießen kannst, diese Zeilen zu lesen. Und nun bitte ich dich, lieber Leser, einmal deinen Verstand auszuschalten. Atme dreimal tief mit geschlossenen Augen in dein Herzzentrum ein und aus, öffne dann die Augen und stelle dir vor, dass du mit einem aktivierten goldenen Lichtstrahl aus deinem Herzen die nachfolgenden Worte aufnimmst:

> ICH BIN reine Herzensfreude aus dem Herzen des All-Einen.
>
> ICH BIN tiefe Liebe aus dem Herzen des All-Einen.
>
> Alles in meinem Leben betrachte ich von nun an mit den Augen der Liebe und der Freude. Ich weiß, da, wo meine Liebe ist, ist meine Freude; denn meine Freude ist der Ausdruck meiner Liebe. ICH BIN der freudige Ausdruck meiner Liebe, die ICH BIN.

Und jetzt lieber Leser, liebe Leserin, lasse dir mit geschlossenen Augen eine konkrete Situation, Gedanken, Sorgen oder Gefühle in deinem Inneren auftauchen, die dich momentan belasten, und lasse dir hierfür so lange Zeit, bis du ganz in diese

Vorstellung eingetaucht bist. Nun hülle bitte die ganze Situation in eine Blase aus goldenem Licht, so dass alles in dieser Situation, einschließlich deiner Gedanken und Gefühle in dieser Situation, in goldgelbes Liebeslicht gehüllt ist. Lasse dir wiederum genügend Zeit. Und nun, lieber Freund, liebe Freundin, tauche in diese Situation als goldgelber Engel ein. Stelle dir vor, du seiest ein riesengroßer goldgelber Engel, der nun die vorgestellte Situation betritt. Als Engel segnest du jetzt aus deinem hellstrahlenden Herzen heraus die ganze Situation, einschließlich aller beteiligten Menschen, und dich selbst und alle Gedanken, Gefühle und Handlungen, die in dieser Situation enthalten sind. Lasse dir wiederum Zeit. –

Und nun, lieber Freund, liebe Freundin, nimm dich in dieser Situation als goldgelber Engel, der du bist, selbst in die Arme und achte darauf, was passiert. Alles, was jetzt geschehen ist, ist von großer Bedeutung. Es kann sein, dass dies ein Akt des Verzeihens, ein Akt des Fallenlassens oder des Getröstet – Werdens war. Es kann auch sein, dass eine Frage oder ein Symbol oder etwas scheinbar Absurdes aufgetaucht ist. Stelle dir nun die ganze Situation, inklusive des goldenen Engels, von außen vor und sprich innerlich die Worte: Aufgrund meiner eigenen Göttlichkeit als göttlicher Funke aus dem Herzen des All-Einen löse ich nun mit Engelshilfe alle negativen Gedanken, Gefühle und Handlungen in meiner Situation auf und verwandle sie in Liebe, Licht und göttliche Freude. Schließe die Augen und beobachte, was passiert. Ganz gleich, was jetzt geschehen ist in deinem Bild, sprich jetzt innerlich die Worte nach: ICH BIN der Schöpfer meines Seins. Ich lasse jetzt ganz bewusst jegliche Gedanken und Gefühle los, die mich jetzt noch mit meinem Opferbewusstsein verbinden. Ich trete ein in meine kraftvolle Schöpferkraft und gestalte von nun an jede Situation in meinem Leben bewusst aus der Quelle meines göttlichen Herzens. So ist es.

Gehe nun ein letztes Mal als du, der du jetzt diese Zeilen liest, hinein in deine vorgestellte Situation und umarme alle Personen, einschließlich des goldenen Engels, und sprich zu allen innerlich die Worte: „Ich danke dir für das Mitwirken an dieser wunderbaren Inszenierung. Denn ich weiß jetzt, dass ich selbst das alles inszeniert habe."

Sprich dann die Worte:

„Von nun an gestalte ich mein Leben als Schöpfer aus dem Herzen des All-Einen. Alle Anteile von Opferbewusstsein in mir sind von nun an aufgelöst. Herzensfreude durchströmt mein ganzes Sein in dem Wissen um meine Schöpferkraft. ICH BIN im goldenen Fluss meiner Schöpferfreude angelangt. Der Fluss meiner göttlichen Freude erschafft jegliche Realität in meinem Leben."

Es ist jetzt nicht notwendig, dir eine positive Gegensituation vorzustellen. Wichtig ist, dass du dir jetzt deiner Schöpferkraft bewusst bist. Du hast grundsätzlich immer die Wahl, deine Realität aus deinem Opferbewusstsein zu erschaffen, was immer gleichbedeutend mit dem Versuch ist, dich selbst davon zu überzeugen, dass nicht du, sondern irgendjemand oder irgendetwas anderes diese Situation herbeigeführt hätte. Oder du kannst den Freudenfluss in dir aktivieren, in dem sicheren Wissen darum, dass allein du der Schöpfer deiner Realität bist.

Lasse jetzt einfach einen freudigen Impuls in dir aufsteigen: eine Idee oder einen Wunsch, und sage in dir freudig und entspannt und mit einem genussreichen tiefen Atemzug:

„Ja, genau das wähle ich für mein Leben."

Lieber Freund, liebe Freundin, ich danke dir für die Aufmerksamkeit und Konzentration, mit der du diese Übung mitgemacht hast. Falls du dir wieder einmal eine eher unangenehme Situation erschaffen solltest, wiederhole doch einfach diese Übung und kehre zurück in dein freudiges Schöpfertum.

Gott zum Gruße

Freut euch auf das Goldene Zeitalter

Wir, Jophiel und die Engel vom goldgelben Strahl, begrüßen dich zu unserem heutigen Ausflug in die Welt der Engel und Lichtwesen. Wir haben dich und alle deine feinstofflichen Bewusstseinsfelder bereits in ein herrliches Goldgelb getaucht. Auch der Raum, in dem du dich befindest, erstrahlt unter dem Glanze unzähliger Lichtwesen, die jetzt anwesend sind. Alles erstrahlt in reinstem, funkelndem Goldgelb. Wir wollen dich heute unterrichten über deine eigene Natur der Multidimensionalität. Ich, Jophiel, bin eins mit der goldgelben Urenergie Gottes. Somit umfasse ich in meinem Bewusstsein gedanklich und gefühlsmäßig alle Engel und Lichtwesen, die auf diesem Strahl wirken. ICH BIN sozusagen eins mit ihnen. Gleichzeitig bin ich ein mächtiger Energiestrom aus dem Herzen des All-Einen, aus dem Herzen Gottes. In jedem Augenblick strömen so machtvolle Energien aus der göttlichen Urquelle in mich ein, dass es all deine Vorstellungskraft myriadenfach übersteigen würde, das zu begreifen. Genauso machtvolle Ströme fließen in jedem Augenblick zurück in die göttliche Urquelle. Diese Bereiche könnt ihr als das ansehen, was die Bibel als das Himmelreich Gottes bezeichnet. Es sind die Bereiche ganz nah dem Thron Gottes. Unzählige Urenergieströme strömen fortwährend aus dem göttlichen Urkern oder der Urzentralsonne. Alle euch bekannten Farbstrahlen mit den dazugehörigen Engeln und Lichtwesen bilden nur einen winzig kleinen Teil der gesamten Urenergiestrahlen: eben die, die das euch bekannte grobstoffliche und feinstoffliche Universum bilden. In dem momentanen Reifungs- und Umpolungsprozess der Erde und des gesamten Universums sind Verschmelzungsprozesse hinein in die allumfassende Einheit im Gange, die ebenfalls euer Vorstellungs- und Empfindungsvermögen bei weitem übersteigen. Im Rahmen dieser Verschmelzungsprozesse ist es für jeden von euch möglich, Schritt für Schritt Dimensionen zu betreten, die bisher der Menschheit in dieser Form verschlossen geblieben sind. Das gefühlsmäßige Bild hierfür ist das Bild des Paradieses. Es sind dies die Bereiche der mächtigen Engelschöre, es sind die Bereiche der göttlichen Glückseligkeit und Ekstase, des Friedens und der Einheit, die keine Frage in sich bergen. Es sind die Bereiche, die jenseits der euch bekannten Gedanken und Gefühle liegen. Es sind Seinszustände vollkommener Glückseligkeit. Es ist die Zeit gekommen, da diese Bereiche jetzt dem menschlichen Empfinden zugänglich gemacht werden sollen.

So dürft ihr euch vorstellen, dass eine riesige Welle der Liebe aus dem Herzen des göttlichen Vaters alles Seiende durchflutet. Und ihr, liebe Freunde, seid die Vorboten, die Wellenreiter auf dieser riesigen Liebeswoge Gottes. Euer Surfbrett ist eure Aufmerksamkeit, welche ausgerichtet ist auf das Göttliche und den göttlichen Willen in euch. Diese Woge göttlicher Liebe wird euch auf eurem Surfbrett sicher absetzen, da, wo ihr hinwollt: im Paradies. Dem Paradies auf Erden.

Sicher ist dir aufgefallen, dass ich ein Bild benutzt habe, welches euch allen in sehr schockhafter Erinnerung geblieben ist. Das Bild einer riesigen Welle. Dieses Bild habe ich gewählt, weil es sehr deutlich macht, dass es keinen prophezeiten Weltuntergang gibt, sondern dass es jetzt wichtig für die

Menschheit ist, das Bewusstsein zu entfalten, dass sie gerade von einer riesigen Welle der Liebe und der Gnade durchflutet wird. Für diejenigen, die zulassen können und wollen, dass diese Liebe sie reinigt, transformiert und von allem alten Ballast befreit und sie direkt zur eigenen göttlichen Natur zurückführt, für diejenigen ist diese Welle der Grund ihres Hierseins auf dem Planeten: nämlich die einzigartige Möglichkeit, diese Zeit im verkörperten Zustand mit einzigartigen Entwicklungsmöglichkeiten zu erleben. Du darfst dir vorstellen, dass die Dualität und deine vielen Inkarnationen hier auf diesem Planeten nichts anderes war als ein riesiges äonenlanges Theaterstück, welches ihr zu Ehren Gottes aufgeführt habt. Und wer möchte da nicht bei der Abschiedsvorstellung dabei sein! Wer möchte nicht beim letzten Akt dabei sein, beim grandiosen Finale, bevor endgültig der Vorhang, sprich, die Schleier der Dualität, gelüftet werden. Ja, liebes Menschenkind, liebes Gotteskind, dies ist die Zeit des Abschieds von der Dualität. So mag es euch von der menschlichen Seite aus gesehen so ergehen wie einem Schauspieler, der 40 Jahre am gleichen Theater gespielt hat und nun in Rente geht. Er ist müde geworden. Er freut sich auf den Ruhestand und dennoch wird ihm die Welt der Illusionen und der Applaus fehlen. Und so hältst du möglicherweise, wie die meisten Darsteller im Stück der Dualität, viel mehr an deinen alten Rollen fest, als du es weißt. Das ist normal, das ist erlaubt. Ihr habt so viel Liebe in die Ausgestaltung eurer Rollen gelegt, dass ihr sie zutiefst lieb gewonnen habt. So seid gewiss, liebe Freunde, dass es auch die Liebe ist, die euch eure alten Rollen festhalten lässt. Doch gibt es auch die andere Seite. Ihr freut euch ja auf die Heimkehr in euer göttliches Zuhause, in eure göttliche Lichtgestalt, die ihr ja selber seid, und auf die grenzenlose Freiheit und Weite und auf die Einheit mit allem Seienden. Ja, liebes Gotteskind, ihr seid die Geehrten, die Heimkehrer, die doch mit jeder Erfahrung, die ihr in der Dualität gesammelt habt, das große Ganze bereichert habt. Freut euch auf erweiterte Möglichkeiten. Freut euch auf große Verantwortung, denn ihr seid es, zusammen mit der Jugend, die das Goldene Zeitalter einläuten. Freut euch auf Leichtigkeit und Freude, mit der ihr diese Verantwortung tragen werdet. Freut euch auf ein rasantes Leben voller Überraschungen und die selbstverständliche Kraft des Materialisierens. Freut euch auf ein neues, humorvolles und effektives Zusammenarbeiten mit den Engeln und Lichtwesen. Ich sage euch, dies ist eine wunderbare Zeit für uns alle – die Zeit des großen Umbruchs hinein ins Goldene Zeitalter.

Ich liebe mich in diesem Augenblick

Heute, mein Freund, meine Freundin, geht es um die Liebe: das Einsperren der Liebe, das Loslassen der Liebe und um bedingungslose Liebe. Bedingungslose Liebe ist frei von Angst. Sie tut in jedem Augenblick, was sie tun möchte. Sie verströmt sich ganz, vorbehaltlos und ohne Kompromisse. Bedingungslose Liebe ist tief empfundene Herzensliebe. Diese frei fließende Herzensliebe ist das Eigentliche im Universum und das Eigentliche, der Kern eines jeden Menschen. Wenn es dir also schlecht geht, lieber Leser, dann darfst du ganz einfach davon ausgehen, dass deine Herzensliebe nicht fließt. Diese Herzensliebe muss zuallererst einmal durch dich selbst und durch alle deine Wesensanteile fließen. Eigenliebe bewirkt, dass du alle deine noch so ungeliebten und versteckten Wesensanteile durchlichtest und integrierst. Und nur diese durchlichteten Wesensanteile sind wie verstärkende Brücken aus Licht, die dein göttliches Strahlen in alles Seiende verströmen. Diese Arbeit daran, dich selbst lieben und annehmen zu können, scheint für den, der bewusst damit anfängt, zunächst einmal recht schwer. Mit fortschreitender Bewusstwerdung darüber, wer du wirklich bist, geht es immer leichter und leichter, bis es schließlich unglaublichen Spaß macht, dich selbst zu erforschen in allen deinen Bewusstseinsanteilen, deinen vielfältigen multidimensionalen Fähigkeiten und Seinsweisen. Nimm einmal deinen Jetztzustand. Wie fühlst du dich gerade? Stelle dir vor, du sitzt in einer lichtvollen Blase, in der sich alle deine Gedanken und Gefühle befinden. Egal, wie gut oder schlecht sich deine Gefühle in diesem Augenblick anfühlen mögen; aus geistiger Sicht, aus der Sicht, die du als göttliches Wesen auf dich selbst hast, ist alles so perfekt, wie es jetzt in diesem Moment in deinem Leben ist. Wie wunderbar sind all die schönen Gefühle, die du jetzt haben magst. Wie wunderbar all die scheinbar ausweglosen Gefühle, die du vielleicht hast. Stelle dir jetzt vor, wie du selbst als lichtvolle Sonne aus dem Kern deiner Bewusstseinsblase herausstrahlst.

Sprich dazu die Worte:

„Als lichtvolle göttliche Sonne, die ICH BIN, durchstrahle ich jetzt alle meine Bewusstseinsanteile mit der Kraft der Liebe, der Umwandlung und des Verzeihens. Ich verzeihe allem in mir, was nicht der Liebe entspricht. Ich verwandle alles in mir, was nicht der Liebe entspricht. Ich akzeptiere und umarme alle meine Gefühle, meine Vergangenheit, Gegenwart und Zukunft. Ich weiß, dass alles, was ich jemals erlebt, gedacht oder gefühlt habe, und alles, was ich jemals denken, fühlen oder tun werde, einen Platz im großen Ganzen meiner allumfassenden göttlichen Seele hat. Ich weiß, dass ich in jedem Augenblick meines Lebens meiner göttlichen Befreiung entgegengehe. Ich nehme diese göttliche Befreiung jetzt an.

ICH BIN göttlich befreit, indem ich alles genau so annehme, wie es jetzt ist. So ist es."

Eine konkrete Herzensvision erschaffen

Wir begrüßen dich, lieber Leser, liebe Leserin. Wir, das sind die Engel und Lichtwesen vom goldgelben Urenergiestrahl Gottes. Wir möchten heute deine Aufmerksamkeit einmal auf die Farbe gelb in deinem Leben richten. Die sichtbare Urenergiequelle in eurer Welt ist die Sonne mit ihrer goldgelben Farbe. Gelb ist die Farbe der Freude, der Heiterkeit, des Lachens, des Humors, der Befreiung, des Aufbaus und des Neubeginns. Gelb ist eine Signalfarbe, die durchweg positive Assoziationen weckt.

Stelle dir mit geschlossenen Augen vor, dass du eine große gelbe Fläche betrittst. Diese Fläche wird den Rändern zu immer feinstofflicher und geht in einen unendlich großen, lichtdurchfluteten gelben Raum über. Du genießt, dass du auf der riesigen gelben Fläche gehen und dich frei bewegen kannst. Du gehst in verschiedene Richtungen und sprichst innerlich die Worte:

ICH BIN frei geworden für jegliche Entscheidung in meinem Leben. Ich wähle jetzt die Richtung in meinem Leben, die mir die meiste Freude bereitet. Auf meiner gelben Fläche visualisiere ich ein großes, gelbes Haus. Ich spüre bereits eine freudige Erregung, denn ich weiß, dass dies das Haus der Freude ist. Mit einem tiefen Atemzug lasse ich jetzt noch einmal los, was mich in diesem Augenblick belastet. Dann trete ich durch die große, gelbe Eingangstür mit der Aufschrift „Lebensfreude".

Ich lasse mir ganz bewusst Zeit, um die Tür zu öffnen, und fühle die mich begleitenden goldgelben Engel und Lichtwesen um mich herum. Mein Herzzentrum öffnet sich noch weiter und strahlt ebenfalls goldgelbes Licht aus meinem Herzen. Durch das Strahlen aus meinem Herzen öffnet sich nun die Eingangstür meines Lebensfreude-Hauses. Ich trete ein und bin sogleich umgeben von Bildern und Situationen, die mir Freude bereiten. Es sind Situationen aus meinem Leben, in denen ich mich glücklich gefühlt habe. Und es sind Situationen, die ich noch nicht kenne. Vielleicht Bilder von Situationen, die ich mir schon lange wünsche, oder vielleicht auch überraschende Bilder von Herzenswünschen, die mir bisher nicht bekannt waren. Auch hier nehme ich mir ganz bewusst Zeit, um Bilder, Gefühle und Visionen entstehen zu lassen. – Alles, was ich sehen oder wahrnehmen kann, ist gut und richtig. Ich lasse alle Bilder und Gefühle sich frei entfalten. Wenn ich nun wieder die Augen geöffnet habe, spreche ich innerlich die Worte: „Ich bedanke mich bei meinem göttlichen Selbst und den mich umgebenden Engeln und Lichtwesen für meine Freudenbilder, Gefühle und Visionen. Ich lasse ganz bewusst die Realisierung dieser Vorstellungen und Bilder in meinem Leben zu und mache schon heute einen ersten ganz konkreten Schritt, um meine Visionen zu verwirklichen. Ich weiß, dass jeglicher erster Schritt in Richtung meiner Visionen mit der ganzen Kraft meines Herzens und mit der ganzen Kraft der geistigen Welt unterstützt wird."

Lieber Leser, liebe Leserin, wir sind bei dir und unterstützen dich bei deinem ersten Schritt, durch den du auf einer sehr tiefen Ebene dafür Sorge trägst, dass die Erfüllung deiner Herzensvisionen nun in Freude und Leichtigkeit erfolgen wird.

Ich umarme meine Angst

Das Thema der heutigen Unterweisung ist die Angst.

Das Wesen der Angst ist untrennbar mit der Dualität verbunden. In der Einheit hat Angst keinerlei Funktion. Denn wenn ich fühlbar mit allem eins bin, wovor sollte ich dann Angst haben? Für euch hat Angst immer die Funktion der Warnung vor dem Unbekannten, dem nicht Berechenbaren. Angst ist eine ganz einfache Einrichtung der Natur, eures Verstandes und eures Körpers, um euch vor Gefahren zu warnen, entsprechend reagieren und euer Leben retten oder verteidigen zu können. Hierzu hat dein Verstand und dein Körper einfach alle vergangenen gefährlichen Situationen gespeichert und aktiviert bei allen ähnlichen Situationen, auch unbekannten Situationen, in Sekundenbruchteilen als Alarmsystem diese Erinnerungen mit der ganzen Kette an Hormonen, die dann die Verteidigungssysteme in deinem Körper und deiner Psyche hochfahren. Angst ist also nichts weiter als ein Alarmsystem, um das Fortbestehen des Wertvollsten zu sichern, das ihr auf der materiellen Ebene habt, nämlich eures Körpers. Nachfolgend haben sich noch andere Alarmsysteme etabliert, die euch vor körperlichen und seelischen Schmerzen warnen und bewahren sollen. Auch hier dient die Datenbank der schmerzhaften Erfahrungen als Grundlage dieses Alarmsystems, wobei diese Erfahrungen oft aus anderen Leben kommen und dem Bewusstsein meistens nicht zugänglich sind. Angst ist also das gut gemeinte Alarmsystem des Körpers, um die Wachsamkeit zu erhöhen und Schaden abzuwenden. Die Angst sorgt außerdem dafür, dass Schmerz oder Angst besetzte Situationen aus dem Bewusstsein verdrängt und ähnliche Situationen vermieden werden. Die größte Angst wird konsequenterweise dann erzeugt, wenn eine bedrohliche Situation nicht in die bereits gesammelten Erfahrungsmuster passt. Und das bedeutet ganz einfach für euch, die ihr spirituell und ganzheitlich wachsen wollt, das zu denken, zu fühlen und zu tun, wovor ihr am meisten Angst habt. Hinter dieser Angst ist immer Neuland, wartet Größe und Erweiterung für eure Seele, für euer ganzheitliches Sein. Die größten Ängste in euch sind es, die den direktesten Weg zur Liebe und zur Freiheit eurer Seele zeigen. Hierfür bedarf es der Aufmerksamkeit gegenüber den eigenen Gefühlen und Ängsten, um ihnen auf die Spur zu kommen, um nicht zurückzuweichen vor der Angst, sondern sie als das anzuerkennen, was sie ist, nämlich ein gutgemeintes Schutzmuster eures Verstandes. Hier gilt es tatsächlich, mit eurem Verstand und euren Angstmustern zu reden und zu sagen: Danke, lieber Verstand, danke, liebe Angst, dass ihr mich schützen und mir unangenehme Situationen ersparen wollt, aber ICH BIN jetzt selbst in der Lage, mich jeder Situation mutig zu stellen, denn ich weiß, dass ich ein lichtvolles, geistiges Wesen bin und dass mir nichts passieren kann, weil ich göttlich beschützt bin. Ich weiß, dass ich nur in meine Liebe, Freiheit und Größe hineinwachsen kann, wenn ich nicht vermeide und verdränge, sondern mich alten und neuen Ängsten stelle und mir eine Gegenerfahrung gestatte.

Übung

Ich schließe die Augen und betrete in meiner Vorstellung einen lichtvollen Raum. Ich sehe mich dort als lichtvolles Wesen. Mein Körper funkelt und strahlt, und in der Mitte meiner Brust nehme ich eine hellstrahlende Sonne wahr. Ich fühle, wie diese hellstrahlende, goldgelbe Sonne immer stärker und stärker strahlt, bis der ganze große Raum in gleißendes Licht getaucht ist. Das gleißende Liebeslicht strahlt über die Grenzen meines Raumes hinaus, und ich fühle mich grenzenlos, frei und weit. Ich recke und strecke mich in meiner Vorstellung mit meinem feinstofflichen Körper und weiß, dass mich eine unbändige Lust ergreift, mit meinem feinstofflichen Körper zu fliegen. Und so fliege ich hinaus in die freie Natur über Wälder, Klippen, Meer und Wüsten. In Sekundenschnelle bin ich in der Lage, alle Teile dieser Erde zu bereisen. Ich genieße die Freiheit und Weite und die unbegrenzten Möglichkeiten meines feinstofflichen Körpers. Und so fliege ich über eine besonders schöne Landschaft und nehme von oben auf der Erdoberfläche schemenhaft eine graue Gestalt wahr. Intuitiv weiß ich, dass dies die Gestalt meiner Angst ist. Ich betrachte Sie zunächst aus der Ferne und nehme meine Gefühle wahr. Vielleicht spüre ich Traurigkeit oder Betroffenheit. Aus meiner Situation der Freiheit taucht in mir der Wunsch auf, zu helfen, und so nähere ich mich der Gestalt meiner Angst. Mir zur Hilfe kommen nun zwei oder mehrere goldene Engel, die mich begleiten, um mir zu helfen, einen Teil meiner Angstgestalt zu transformieren und ins Licht zu führen.

Die Schwingung in meinem Sonnengeflecht wird nun langsam erhöht und ich stehe jetzt ganz dicht vor der Gestalt meiner Angst. Zusammen mit meinen Engelsbegleitern bilden wir einen lichtvollen Kreis um die Angst, und aus meinem Herzen spreche ich die Worte: „Zusammen mit höchsten göttlichen Mächten durchlichten und durchstrahlen wir dich, meine Angst, die du diese Gestalt angenommen hast. Ich danke dir für deinen langen, treuen Dienst, denn ich weiß, dass du mich immer nur beschützen wolltest. Ich danke dir dafür, dass du nun bereit bist, dich durchlichten zu lassen, damit viele deiner Bewusstseinsanteile zurückkehren können ins Licht, aus dem sie gekommen sind, um zu dienen, indem sie die Form der Angst angenommen haben. Ich danke euch für euren Liebesdienst und entlasse euch für immer. So ist es." Ich beobachte, wie die graue Gestalt vor mir immer lichter und lichter wird, und vielleicht gelingt es mir jetzt in meiner Vorstellung, meine Angst zu umarmen. Ich umarme jetzt die feinstoffliche Gestalt meiner Angst. Sie ist schon sehr viel leichter und lichter geworden. Ich fühle eine tiefe Verbundenheit und Dankbarkeit mit meiner Angst, die mich so lange begleitet und beschützt hat. Ich weiß, dass sie mich noch eine Zeit lang begleiten wird, um mich vor realen Gefahren zu warnen. Mit diesen Gefühlen und Bildern lasse ich meine Vorstellung und Übung ausklingen. Ich bedanke mich noch bei meinen Engelsbegleitern, die diese energetische Auflösung möglich gemacht haben, und komme zurück in mein Tagesbewusstsein.

Rückkehr ins Goldene Zeitalter

Zwei große goldene Engel stehen an deiner Seite, wenn du diese Zeilen liest. Ich, Jophiel und die Engel des goldgelben Strahles, möchten dich entführen in ein Land der Wunder und der Liebe, möchten dich entführen in deine lichtvolle Heimat, um dich dort aufzutanken mit der Energie des Goldenen Zeitalters. Denn was nutzt es dir, lieber Leser, liebe Leserin, wenn du weißt, wann genau das Goldene Zeitalter beginnt und was genau dort anders sein wird als jetzt. Du trägst ja das Goldene Zeitalter in dir im Hier und Jetzt und wir laden dich ein, es erneut zu fühlen. Hierzu brauchst du dich lediglich zurückerinnern, denn das Goldene Zeitalter ist ein ewiger Ort des Friedens, der Ruhe, der Glückseligkeit, der Vollkommenheit und Weisheit, der dir wohlbekannt ist. Denn an diesem Orte in dieser immerwährenden Zeit hast du deine Reise begonnen.

Übung

Mit drei tiefen Atemzügen und geschlossenen Augen versinkst du tiefer und tiefer hinein in deine goldene Mitte, in dein hellstrahlendes göttliches ICH BIN.

Du kannst dir vorstellen, dass du dich hineinfallen lässt in eine Kugel goldenen Lichtes, eine Lichtkugel, deren goldenes

Strahlen du immer deutlicher und heller wahrnimmst. Es sind feinstoffliche Lichtfäden, die ausstrahlen in das ganze Universum. Nun kehrst du in deiner Vorstellung in deine goldene Kugel ein und machst es dir darinnen bequem. Stelle dir vor, du machst einen wunderbaren Urlaub in deiner Kugel. Du hast lange und viel gearbeitet, und endlich kannst du, solange du willst, entspannen und faulenzen. Du hast alle Zeit der Welt. Du musst nichts tun und leisten, sondern du lässt dich von deiner goldenen Kugel, welche ein Lichtgefährt ist, jetzt zu dem Ort bringen, an dem du dich in deiner Phantasie am wohlsten fühlst. Vielleicht liegst du am Strand, fühlst den Sand, die Sonne, den Wind und hörst das Meer rauschen, vielleicht ist es ein anderer Ort der Ruhe und Erholung. Du lässt dich noch mehr fallen und fühlst den Hauch von Ewigkeit und Frieden. Du weißt, dass dies der Ort in dir ist, der dir immer Zuflucht bietet, an dem du dich immer erholen kannst. Es ist der Ort, der dich immer aufnimmt, beruhigt und heilt, ganz gleich was in deinem Leben gerade los ist. Und so atmest du noch einmal tief ein und aus und lässt ganz einfach alles los: „Ich will nichts und ich muss nicht denken und nichts tun. Ich genieße mit einem tiefen Atemzug ganz einfach mein Sein. Ich werde geatmet vom göttlichen Atem und ich gebe mich dem vollkommen hin, was jetzt mit mir geschehen möchte.

ICH BIN, der ICH BIN .
ICH BIN göttlicher Urquell in mir.
ICH BIN Licht vom Licht und Geist vom Geist .
ICH BIN getragen und gehalten vom Geist Gottes,
vom Herzen des All-Einen.
Durch mich atmet der Atem Gottes,

in mir schlägt der Pulsschlag Gottes
und mich bewegt der Wille Gottes.
ICH BIN ein Werkzeug Gottes; der göttliche Wille in mir geschehe.

Noch einmal lasse ich mit einem tiefen Atemzug alles los, was mich bedrängt, beängstigt oder beschäftigt. Nichts zählt außer diesem unendlichen Augenblick der Ruhe und des Friedens. Aus dem Herzen des All-Einen, aus dem Herzen Gottes fließt nun ein silberner Gnadenstrom in all meine weit geöffneten Bewusstseinsanteile. Silberne und goldene Licht- und Liebesströme strömen auf mich herab und durch mein ganzes Bewusstsein. Ich bade im Strom göttlicher Gnade, die mich umgibt. All meine Bewusstseinsanteile und mein Körper spüren den aufladenden Energiestrom göttlicher Gnade und Vollkommenheit. Ich genieße es, mich ganz einfach aufladen und durchfluten zu lassen mit den lichtvollen Energien meiner göttlichen Heimat, mit den Energien des Goldenen Zeitalters. Gnade und Erfüllung haben sich in allen Bereichen meines Bewusstseins manifestiert als tiefes Wissen, als tiefe Rückerinnerung an das, was ich in Wirklichkeit bin: ein herrliches göttliches Lichtwesen, auf dem Weg zurück in die seligmachende göttliche Urquelle allen Seienden. So ist es."

Mit drei tiefen Atemzügen kehre ich langsam zurück in mein Tagesbewusstsein aufgetankt mit den Energien göttlicher Gnade und goldener Fülle und Weisheit.

Liebe heilt alles

Goldener feinstofflicher Regen erfüllt den Raum, durchflutet und durchspült all deine Bewusstseinsfelder. Göttlicher Frieden, göttliche Klarheit und göttliche alles umfassende Liebe kehrt ein in dein ganzheitliches Sein. Du genießt dein Sein in den goldgelben Lichtenergien deiner göttlichen Lichtheimat. Erneut verankern wir die goldgelben Lichtenergien in deinem Körper, deinem Bewusstsein und allen deinen feinstofflichen Bewusstseinsebenen.

Schließe bitte deine Augen und lasse dich ganz fallen in den nun folgenden energetischen Prozess. Lasse jetzt deine momentane Lebenssituation vor deinem inneren Auge erscheinen, mit all den Gefühlen, die dich momentan beschäftigen. Sprich innerlich die Worte: „Gott Vater und kosmische Mutter, ich danke euch, dass ich zusammen mit euch diese meine Lebenssituation erschaffen habe. Ich weiß und fühle, dass es genau die Situation ist, die ich in mein Leben gerufen habe, um daran zu wachsen und zu gedeihen. Ich weiß, dass mit eurer Hilfe in jeder Sekunde meines Lebens die beste Lebenssituation für mich und alles Seiende kreiert wird. So ist es."

Jetzt stelle dir eine Situation vor, die für dich besonders belastend ist oder war. Lass einfach das Bild und die Gefühle auftauchen, die sich dir jetzt zeigen wollen. Lasse alle Gefühle, Ängste und Regungen zu, die sich jetzt zeigen wollen. Lasse nun einen Satz kommen, der die Essenz dieser Situation ist.

Jetzt stelle dir eine goldene Blase um die ganze Situation und den Satz vor und nimm die Blase in deiner Vorstellung in dein Herzzentrum. Um die Blase herum sind jetzt unzählige Engel und Lichtwesen und strömen ihre goldenen göttlichen Energien in deine goldene Blase in deinem Herzen. Du stellst dir vor, wie die ganze Situation heller und heller und golden durchlichtet wird. Und nun stelle dir vor, wie die Situation in deiner Blase einen anderen Verlauf nimmt. Einen Verlauf, der den goldenen Lichtenergien entspricht. Wenn du willst, stelle dir vor, wie du dich selbst in dieser Situation umarmst und annimmst. Alles ist gut und richtig, so wie es sich dir jetzt zeigt. Sprich innerlich die Worte: „Ich verzeihe mir und allen anderen all das, was nicht meiner Herzensliebe und Herzensfreude entsprochen hat. Ich wähle jetzt in meiner Vorstellung einen neuen Verlauf der Situation, der meiner Herzensliebe entspricht. Ich stelle mir diese neue Situation mit dem idealen Verlauf genau vor und lasse dann meine Vorstellungen ausklingen. – Diese heilende Gegenvorstellung ist jetzt in meinem Energiesystem gespeichert und sorgt für Heilung, auch in angrenzenden Bewusstseinsfeldern. Ich bedanke mich jetzt bei den vielen Engeln und Lichtwesen, die mich bei meinen Vorstellungen und meiner Heilung unterstützt haben. Die goldene Energieblase in meinem Herzen wird größer und größer, bis sie mich weit überragt und sich dann langsam auflöst."

Gott zum Gruße

Du bist einzigartig

Lieber Leser, liebe Leserin, wir begrüßen dich.

Öffne dein Herz mit einem tiefen Atemzug noch weiter. Atme goldgelbes Licht ganz tief ein und fühle, wie diese Energie mit deinem Atem deinen ganzen Körper und all deine Körperzellen durchdringt. Mit jedem Atemzug verbindest du dich mehr und mehr mit deiner goldenen, lichtvollen Heimat. Deine Energiezentren werden jetzt von den unzähligen Engeln und Lichtwesen, die sich um dich herum befinden, geöffnet. Göttlicher Friede durchdringt jetzt alle deine Seinsbereiche, und du darfst dir vorstellen, wie du bei geschlossenen Augen feinstofflich einschläfst. Du schläfst mit deinem feinstofflichen Körper ein, obwohl du weiterhin diese Zeilen lesen kannst. Dein Körper ist im Ruhezustand, und du kannst jetzt mit deinem feinstofflichen Körper eine Traumreise machen. Schließe immer mal wieder die Augen und lasse dir Zeit bei dieser Reise. Es ist die Reise zu deinem Selbst.

Stelle dir vor, du befindest dich in deinem lichtdurchstrahlten Herzensraum. In der Mitte deines Herzensraumes steht ein goldener Springbrunnen. Aus ihm entspringt das Wasser deines Lebens. Es ist ausschließlich dein Brunnen mit deinem ganz speziellen Lebenswasser. Dieses Lebenswasser gibt es von seiner Konsistenz und Beschaffenheit nur ein einziges Mal auf der Welt. Du trittst an den Brunnen heran und trinkst von deinem Quell des Lebens. Dieses Wasser verbindet dich mit deiner ureigensten Seelenessenz, mit deinem einzigartigen SO-SEIN im Universum. Ohne deine Seelenessenz, die du bist, wäre das Universum und wäre Gott unvollständig, denn du bist mit deiner Seele eine Blume im Garten Gottes. Stelle dir dich jetzt einmal als diese Blume vor, wie du im Garten Gottes stehst. Welche Blume möchtest du sein? Welche Blume taucht in deinem Inneren auf? Sieh die Schönheit und die wunderbaren Farben deiner Blume, rieche den Wohlgeruch deiner Blume. Deine Blume ist ganz und gar einzigartig im Garten Gottes. Jetzt schaust du dich aus der Sicht der Blume um und nimmst um dich her unzählige weitere wunderschöne, einzigartige Blumen wahr. Jetzt kannst du dich nicht nur an deiner Einzigartigkeit und Schönheit erfreuen, sondern auch an den Blumen um dich herum. Du erlebst die Schönheit der dich umgebenden Blumen, als ob es deine eigene Schönheit und Einzigartigkeit wäre. Du spürst, wie dich jede Blume um dich herum unmittelbar bereichert und erfreut mit ihrer Schönheit und Einzigartigkeit. Du spürst auch, wie sich die Blumen um dich in ihrem tiefsten Innern über deine Existenz, über deine Einzigartigkeit und Schönheit freuen. Jetzt nimmst du noch intensiver deinen eigenen Duft und deine Blütenfarben wahr. All diese Düfte und Farben deiner Blume und der anderen Blumen um dich verschmelzen zu einem einzigen Duftteppich und zu einer wunderschönen göttlichen Farbkomposition. Du kannst jetzt all diese Blumen von oben betrachten, und in dir entsteht das Gefühl, dass hier ein phantastisches Blumenmeer von dem Pinsel Gottes gemalt worden ist: eine Symphonie von Farben, Formen und Düften. Wenn du magst, stelle dir noch Blumenelfen und Engel vor, die diese Schönheit und Farbenpracht bewundern. Und du als Blume im Garten Gottes bist ganz einfach glücklich, genau so zu sein, wie du bist.

Du fühlst, dass du genau durch dein So-Sein und deine Einzigartigkeit alles Seiende mit dem Teil bereicherst, der sonst darin fehlen würde. Die gesamte Existenz heißt dich ganz und gar willkommen in deinem SO-SEIN, in deiner Einzigartigkeit.

So ist es.

Das göttliche Spiel ohne Angst spielen

Ich bin Jophiel. Ich bin ein riesiger göttlicher Energiestrom des goldgelben Urenergiestrahls Gottes. Ich spreche als individualisierte Energieform zu euch, weil ein jedes Individuum die Welt und alles Seiende nur als Spiegel seiner momentan vorherrschenden Bewusstseinsform wahrnehmen kann. Da ihr Menschen seid, ist es eine Art Schlüssel zu eurem Bewusstsein, mir eine individualisierte Form zu geben.

So wisst ihr, dass ich eigentlich „nur" Energie bin und Bewusstsein. Im Eigentlichen seid ihr ebenfalls „nur" Bewusstsein und Liebesenergie. Doch es hat keinen Sinn, das Spiel der Identifikationen jetzt einfach zu beenden. Denn ihr wollt ja nicht aufhören, Schauspieler im Spiel der Dualität zu sein, sondern ihr wollt ja lediglich begreifen, dass ihr Schauspieler seid, um damit ein großartigeres Schauspiel aufführen zu können.

Und so bitte ich euch abermals, ganz einzutauchen in das goldgelbe Licht, welches jetzt alle eure Bewusstseinsanteile durchstrahlt. Atmet tief ein. Atmet göttlichen Frieden, göttliche Gelassenheit und göttliche Präsenz ein. Alles ist nur ein Spiel. Ein göttliches Spiel und ihr seid die Akteure, die jegliche Szene in eurem Leben bis in die kleinste Kleinigkeit in wunderbarem Einklang mit allen an diesem Spiel Beteiligten gestalten. Je überraschender, je aufregender ihr euer Spiel gestaltet, um so wohler fühlt sich eure Seele, um so mehr Freude hat sie an dem Spiel und um so mehr freuen sich alle Beteiligten an dem Spiel. Die Schöpfung ist ein Spiel Gottes. Das jedenfalls ist ein Teil der göttlichen Wahrheit, welchen zu erkennen, anzuerkennen und anzuwenden jetzt für euch wichtig ist. Denn dies ist die Zeit, da ihr wieder lernen sollt, eure Schöpferkraft wie spielfreudige Kinder wahrzunehmen. Ihr seid Kinder Gottes, und Gott freut sich, wenn seine Kinder neue Dinge hervorbringen und freudige Spiele spielen. Der goldgelbe Strahl hilft euch in eurem Leben, die Dinge wieder von der leichten Seite zu betrachten. Er hilft euch, wieder spielerischer mit dem Leben umgehen zu können und ein wenig mehr über euch selbst und eure Ernsthaftigkeit, mit der ihr die meisten Dinge betrachtet, lachen zu können. Könntet ihr nur sehen, welche Transformationskraft und strahlende Liebesenergie ein einziges herzhaft befreiendes Lachen hat! Darin liegt große Weisheit. Im Innersten wisst ihr, dass ihr über alles lachen könnt, weil alles eben ein selbstinszeniertes großes Spiel ist. In Wahrheit könnt ihr nichts verlieren oder falsch machen. Jede noch so schmerzhafte Erfahrung dient nur dazu, euch begreiflich zu machen, dass ihr nur auf den Boden eures eigenen Seins fallen könnt. Wovor solltet ihr also Angst haben?

Schließt noch einmal die Augen und stellt euch jetzt die Situation vor, vor der ihr am meisten Angst habt. Lasst euch genügend Zeit dazu. Und jetzt hüllt diese Situation in goldgelbes Liebeslicht und sprecht innerlich die Worte dazu: „Dies sind meine Ängste. Sie entsprechen nicht der Realität, und ich durchlichte sie jetzt mit Hilfe der jetzt anwesenden Engel und Lichtwesen und lasse eine Situation der Liebe vor meinem geistigen Auge entstehen. Auch hierzu lasse ich mir Zeit, so lange, bis die Situation für mich und alle Beteiligten erfüllend und glücklich ist. Ich bedanke mich dann bei den Engeln für ihre Unterstützung. Diese kleine, einfache Übung kann ich des öfteren mit Engelsunterstützung machen." Wenn Situationen sich nicht sofort in deiner Vorstellung auflösen lassen, mache die Übung ein zweites oder drittes Mal in Abständen, bis sich die Situation ganz aufgelöst hat.

So ist es.

Die Feier meiner Existenz

Wir, die Engel vom goldgelben Strahl, begrüßen dich, lieber Leser, liebe Leserin. Heute ist ein besonderer Tag.

Stelle dir bitte vor, dass heute dein Geburtstag ist. Viele Menschen und viele Engel und Lichtwesen sind heute gekommen, um deine Existenz, deine Anwesenheit und dein So-Sein im Universum zu feiern. Du lässt immer mehr die Freude darüber zu, dass du heute einmal im Mittelpunkt stehst und gefeiert wirst. Du musst heute überhaupt nichts leisten und tun. Du kannst ganz beruhigt ein und ausatmen und darfst jetzt einmal vollkommen entspannen. Alles ist so, wie es sein sollte, und du fühlst dich immer ruhiger und ruhiger. Innerlich sagst du: „Ich lasse jetzt ganz bewusst all meine Ängste los, um mich jetzt selbst in meinem Sein mit jedem Atemzug zu genießen. Alle meine Gefühle lasse ich jetzt davonziehen, wie die Wolken am Firmament, so dass ich mich immer tiefer und tiefer fallen lassen kann. Alles ist gut so, wie es ist, und ich brauche mich heute um nichts zu kümmern, weil ich im Mittelpunkt stehe. In meiner Vorstellung begebe ich mich jetzt in einen großen, hellen Raum und mache es mir dort auf einem großen Bett bequem. Ich lasse noch einmal alles los, was mich beschäftigt, und schlafe jetzt tief und fest in meinem Herzensraum ein. Ich bin eingeschlafen und schlüpfe in meinen feinstofflichen Traumkörper. In meinem Traumkörper fühle ich mich wohl und frei, und ich fühle, dass ich mühelos überall hinfliegen kann, wohin ich möchte. Ich nehme sogleich zwei festlich gekleidete Engel an meiner Seite wahr, die mich abholen möchten zu einer großen Geburtstagsfeier. Es ist eine riesige Feier mit sehr vielen Menschen, Engeln und Lichtwesen und Naturgeistern. Mit meinen Engelsbegleitern fliege ich durch die Luft hinweg über wunderschöne Naturlandschaften. In der Ferne sehe ich ein großes funkelndes, glitzerndes Gebäude, vielleicht ein Schloß, welches mich magisch anzieht. Ich weiß, dass hier die Feier zu Ehren meines Seins stattfindet. Ich komme mit meinen Engelsbegleitern an ein großes zweiflügeliges Tor aus purem Gold. Ganz langsam öffnet sich die Türe und ich sehe hinein in das gleißend helle Innere des Gebäudes. Alle meine Freunde und viele, viele Engel und Lichtwesen haben sich im Inneren in einem großen Kreis aufgestellt, um mich mit einem wunderschönen kraftvollen Lied willkommen zu heißen. Von jedem Wesen in diesem Raum strömt mir ungeteilte Liebe, Anerkennung, Achtung und Wohlwollen entgegen. In dem Augenblick, in dem ich eintrete, verneigen sich alle vor mir mit den Worten:

Wir verneigen uns vor dem göttlichen Licht in dir, welches du bist.

Wir verneigen uns vor dir, dem Kind Gottes.

Wir würdigen dein Dasein im Universum als Teil Gottes.

Mit deinem So-Sein und deinem Dasein erhellst und bereicherst du alles Seiende. Göttlicher Dank und Segen durchströmt dich.

Willkommen zu Hause bei deinen Geistgeschwistern.

Nun verneige ich mich ebenfalls vor den anwesenden Menschen und Engeln und sage meinerseits:

Aus meinem tiefsten Herzen bedanke ich mich für eure
Achtung und Liebe.

Dies ist die Schwingung der tiefen Herzensliebe, die ich von nun an mir selbst und allem Seienden entgegenbringe.

Ich ehre, achte und liebe mich mit all meinen Seelenanteilen und

Lebensäußerungen.

Ich danke allem Seienden für meine göttliche Existenz.

ICH BIN ein wunderbares hellstrahlendes Lichtwesen, welches alles Seiende fortwährend mit seiner Liebe durchstrahlt und beschenkt.

ICH BIN ein Geschenk für alles Seiende in meinem ganzheitlichen So-Sein.

Ich gehe jetzt auf meine Freunde und Engelsfreunde zu, um sie zu umarmen. Ich weiß, ich bin angekommen im Herzen meines Seins und in der Freude meines Seins. Ich genieße jetzt noch eine Weile die wunderbaren Liebesenergien, die mich ununterbrochen durchströmen. Ich fühle, wie eine wunderbare Herzenswärme mich durchflutet. Einige meiner Freunde und Engelsfreunde beginnen bereits zu tanzen und auch ich fühle immer mehr Leichtigkeit und Beschwingtheit. Nun werde ich ebenfalls aufgefordert zu tanzen. In mir regt sich die Freude, meine ganze Lebendigkeit und Freude mit allen anderen teilen zu können. Der Tanz meines Lebens hat begonnen. Die Feier meines Lebens ist in vollem Gange.

Und mit diesen wunderbaren Gefühlen kehre ich jetzt langsam zurück in mein Tagesbewusstsein. Ich weiß, dass die Grenzen zu den lichtvollen Dimensionen von Tag zu Tag und von Stunde zu Stunde mehr verschwinden. Lichtvolle Einheit ist in jeder Sekunde meines Lebens in mir.

So ist es.

Anschluss an das Lichtgitternetz Gottes

Wir grüßen dich erneut, Bruder und Schwester des Lichtes. Sei umarmt in der All-Einheit Gottes. Aus dem Herzen des All-Einen öffnen sich jetzt Pforten des goldgelben Lichtes, und deine persönliche geistige Führung trägt Sorge dafür, dass dir jetzt das Lichtpotenzial zugänglich gemacht wird, welches im moment hilfreich und gut für dich ist. Also entspanne dich. Setze dich bequem und aufrecht hin und atme dreimal tief ein und aus. Dann erzeuge in dir die Gedanken und Gefühlsenergie:

ICH BIN, der ICH BIN.

ICH BIN die fließende Liebe Gottes.

ICH BIN ein göttlicher Liebesstrom und tue meinen göttlichen Dienst auf diesem Planeten zu meinem Wohl und zum Wohle alles Seienden.

Gott Vater und kosmische Mutter, ich danke euch aus tiefstem Herzen, dass ich in dieser besonderen Zeit hier auf diesem Planeten inkarnieren durfte, um mein göttliches Liebeslicht und all meine Fähigkeiten, Erkenntnisse und Begabungen ganz anzunehmen und diesem Planeten zum Geschenk zu machen. Dies ist der Augenblick der Aktivierung all meiner Fähigkeiten, meines Wissens und meiner Begabungen.

Mit einem tiefen Atemzug öffnet sich mein Herzzentrum noch weiter, wie eine riesige goldgelbe Rose, und ich nehme den riesigen goldgelben Energiestrom wahr, der aus meinem

Herzen hineinströmt in das gleißend helle Liebeslicht des göttlichen All-Einen. Durch einen Lichtkanal bin ich jetzt über mein Herzenergiezentrum verbunden mit dem Herzen des All-Einen. Ich lasse mich jetzt ganz bewusst versorgen und durchströmen mit höchstschwingenden göttlichen Liebesenergien, die jetzt aus dem Herzen des All-Einen in mich und alle meine Bewusstseinsanteile einströmen. ICH BIN ganz und gar ausgefüllt mit diesen goldgelben Lichtenergien und nehme wahr, wie sich in meinem Herzen eine goldgelbe feinstoffliche Sonne bildet. Es ist die hellstrahlende Christussonne in mir. Diese feinstoffliche Sonne kreist ganz langsam um sich selbst, und ich nehme wahr, wie ihre machtvolle Strahlung alle meine Körperzellen erwärmt und durchstrahlt. Ich stelle mir jetzt vor, wie im Mittelpunkt jeder meiner Körperzellen ebenfalls eine kraftvolle, hellstrahlende Sonne entsteht, und nehme jetzt ganz bewusst die kraftvolle Sonne wahr, die aus meinem Herzen heraus hinein in alles Seiende strahlt. Ich nehme gleichzeitig die unzähligen Sonnen im Mittelpunkt aller meiner Körperzellen wahr. Sie ergeben zusammen ein riesiges Lichtermeer: das Lichtermeer meines goldgelb erstrahlenden Körpers. Ich lasse mir für diesen Vorgang, der jetzt sehr stark von den Engeln und Lichtwesen begleitet wird, einige Minuten Zeit. Ein wohliges, freudiges Kribbeln erfüllt nun meinen ganzen Körper. Es ist die Energie der Freude, der Weisheit, der tiefen göttlichen Gelassenheit und des göttlichen Friedens. Ich atme jetzt die Energie des allumfassenden göttlichen Friedens ganz tief in mich ein. ICH BIN jetzt ganz eingetaucht in das goldgelbe Meer des allumfassenden göttlichen Friedens, göttlicher Ruhe und Heiterkeit. Dies ist die Energie göttlicher Weisheit. Außerhalb meines Körpers stelle ich mir jetzt ebenfalls unzählige goldgelbe, strahlende Lichtpunkte vor, die mit den strahlenden

Sonnen in meinen Körperzellen in Verbindung stehen und ein gemeinsames Lichtgitternetz bilden. Ich lasse mir hierfür einige Augenblicke Zeit. In meiner Vorstellung setzt sich dieses Lichtgitternetz bis in die Unendlichkeit fort. Dieses Lichtnetz verbindet alle feinstofflichen und grobstofflichen Bereiche miteinander. Es ist sozusagen ein Urlichtgitternetz Gottes, der Alleinheit, des Alles-Seienden. Es ist der feine goldgelbe Urstaub aus dem Atem Gottes. Alles Sichtbare, alle Gedanken, Gefühle, alle Bewusstseinsanteile und alle Materie können sich wieder zurück transformieren in dieses hellstrahlende Lichtgitternetz Gottes. Dieses einigende und hellstrahlende Lichtgitternetz Gottes ist energetisch gesehen die Hand Gottes, die alle deine Bewusstseinsanteile auffängt und trägt. So wird alles wieder zu dem Urstaub Gottes, aus dem alles entstanden ist. Das Bild des Lichtgitternetzes Gottes, mit den unendlich vielen goldgelben Sonnen ist jetzt tief in dein Herz und dein Energiesystem eingraviert worden, so dass du dieses Bild, so oft du willst, nutzen kannst, um sofort angeschlossen zu sein an das goldgelbe Lichtgitternetz Gottes. Sobald du von nun an diese Vorstellung aktivierst, bis du angeschlossen an die goldgelbe Urenergie Gottes, an das hellstrahlende göttliche Meer der Weisheit, des Friedens, der Heiterkeit und Einheit.

Gott zum Gruße

Die sinnliche Wahrnehmung dieses Augenblicks

Tiefer göttlicher Friede umfängt deine Seele. Du bist getragen, geführt und geschützt in diesem Augenblick. Nichts existiert außer diesem göttlichen Augenblick der Ruhe und des Friedens. Nimm jetzt einmal alle Geräusche um dich herum mit geschlossenen Augen ganz bewusst wahr. Sprich innerlich aus deinem Herzen die Worte: „Gott Vater und kosmische Mutter, ich danke euch aus meinem tiefsten Herzen für diesen Augenblick meines Lebens. Dieser Augenblick ist eine kostbare Perle, die mich verbindet mit der Ewigkeit, mit der Unendlichkeit des Seins. Dieser Augenblick ist das größte Geheimnis meines Seins, denn dieser Augenblick währt immer, und ich kann in jeder Sekunde meines Lebens in die Gnade und den Frieden dieses Augenblicks zurückkehren." Du öffnest jetzt mit einem tiefen Atemzug und im Beisein vieler Engel und Lichtwesen, die sich jetzt um dich versammelt haben, dein Herzenergiezentrum und alle anderen Energiezentren noch weiter. Du konzentrierst dich noch einmal auf die dich umgebenden Geräusche. Alle Geräusche bilden den Hintergrund für diesen Augenblick des tiefen inneren Friedens. Mit geschlossenen Augen nimmst du wahr, wie ohne dein bewusstes Dazutun, dein Atem ein- und ausströmt. Dein Brustkorb hebt und senkt sich und du lässt mit dem Atem folgende Wortenergien durch dich fließen: „Gott Vater und kosmische Mutter. Ich danke euch, dass ich geatmet werde. Ich bedanke mich dafür, dass mein

Herz schlägt, dass ich in diesem meinem wunderbaren Körper sein darf. Mein Körper ist ein göttliches Wunderwerk der göttlichen Gnade." Ich bedanke mich jetzt bei meinem Körper, dass er mich mit meiner Seele beherbergt, dass er mir alles spiegelt, was sich in mir abspielt, und dass er alle kosmischen Wahrheiten und Weisheiten auf der materiellen Ebene widerspiegelt: „Mein wunderbarer Körper, ich danke dir, dass du mich trägst und es auf dich genommen hast, das Spiegelbild meiner Seele zu sein. Von nun an will ich dich noch mehr achten, lieben und deinen wunderbaren Liebesdienst für mich und meine Seele anerkennen. Du bist ein wunderbarer Lehrer für die Entwicklung meiner Seele. Ich umarme und liebe dich. Du lehrst mich, dass ich mich fallen lassen kann im Herzen des All-Einen, welches mein Herz schlagen lässt, welches mich atmet in jeder Sekunde meines Lebens. Noch einmal nehme ich meinen Herzschlag wahr und den Fluss meines Atems. Ich nehme alle Geräusche wahr und den göttliche Frieden dieses Augenblicks:

Göttlicher Friede ist die Wurzel jeden Augenblickes in meinem Leben. Durch jeden Herzschlag und jeden Atemzug bin ich verbunden mit der göttliche Quelle, die mich trägt. Alle meine Wahrnehmungen, alles, was ich in diesem Augenblick sehe, höre, rieche und fühle, verbindet mich mit diesem göttlichen Frieden in mir. Die lebendige Quelle göttlicher Liebe und des göttlichen Friedens sind in jeder Sekunde meines Lebens in mir.

So ist es.

Du bist ein Geschenk für die Welt

Du, lieber Freund, liebe Freundin, bist ein Geschenk für alles Seiende und für diese Welt. Würdest du dich selbst ganz als Geschenk sehen, fühlen und annehmen können, so würdest du viele Probleme und Ängste ganz einfach nicht mehr haben. Jeder Mensch wird mit seiner speziellen Energie genau für seine Lebenszeit auf diesem Planeten Erde gebraucht, um den großen göttlichen Gesamtplan zu erfüllen. Welche Menschen mit welchem Potenzial und welcher Energie inkarnieren, hängt davon ab, wie die gerade auf der Erde weilenden Gäste ihre Rolle begreifen und ausfüllen können. Und so möchte ich dich ermuntern, deine Rolle als Erdengast noch tiefer zu begreifen. Die Erde hat dich zu der Zeit erwartet, in der du geboren wurdest. Du warst genau der fehlende Teil im energetischen Geflecht der Erde, der zu dieser Zeit gebraucht wurde. Und du bist immer noch der Teil, der fehlen würde, wenn er nicht da wäre. Du bist also im wahrsten Sinne des Wortes für die Erde ein göttliches Geschenk. Ein Geschenk durch dein bloßes Sosein, durch die energetische Anwesenheit auf diesem Planeten. Das Wesen von Mutter Erde hat ihr geistiges Einverständnis gegeben, dass du hier bist, und damit auch das Einverständnis, dich mit Materie und Nahrung zu versorgen, damit du hier auf dem Planeten leben kannst und es dir gut geht. Wäre das Verhältnis aller Menschen zu Mutter Erde in Ordnung, so würden sich alle Menschen als Gäste betrachten und fühlen und es gäbe keine Probleme mit Nahrung und Ressourcen. Niemand käme auf den Gedanken, ein Stück Land als sein Eigentum zu betrachten. Als Gast hat allerdings jeder das Recht, versorgt zu werden. Das Geschenk, welches er als Gastgeschenk mit auf diese Erde bringt, ist er selber. Denn mit seiner speziellen Energie trägt er im gesamten Energiegeflecht der Menschheit dazu bei, den göttlichen Plan der Transformation zu erfüllen. Je mehr ein Mensch diese seine Lage als Gast des Planeten begreift, desto mehr wird er sich hier willkommen, angenommen, wertgeschätzt und als Geschenk empfinden. Aus diesem Gefühl des elementaren Angenommenseins und des Urvertrauens, hier auf diesem Planeten in Freude und Leichtigkeit weilen zu dürfen, entsteht das Gefühl tiefer Dankbarkeit und tiefen Friedens und das tiefe Gefühl, sich diesem Planeten innerhalb des göttlichen Planes mit all seinen Fähigkeiten und Begabungen zum Geschenk machen zu wollen.

So wie du ein Kind Gottes bist, so bist du ein Kind dieser Erde. Und zwar im wahrsten Sinne des Wortes. So möchte ich dich jetzt einmal bitten, dir mit geschlossenen Augen vorzustellen, du wärest an deinem Lieblingsplatz in der Natur und Mutter Erde spricht zu dir und sagt:

ICH BIN das mächtige, liebevolle göttliche Wesen Mutter Erde. In mir schlägt ein großes liebendes Herz und verursacht meinen feinstofflichen Pulsschlag. Äonenlang habe ich meinen liebenden Dienst im Universum getan und habe unzähligen Menschenseelen und Naturgeistern die Möglichkeit der geistigen Entwicklung gegeben, in dem sie mich als grandiose Bühne in der Dualität nutzen konnten. Auch ich habe mich stets mit meinen Gästen weiterentwickelt. Doch nun möchte ich euch Menschen die Botschaft zurufen: Bitte begreift, dass wir eine Einheit sind. Euer Körper ist aus meiner Materie, aus meinem Körper geschaffen, so wie der Körper von allen Steinen, Pflanzen und Tieren. Wir sind Einheit, wir sind eine große göttliche Gemeinschaft. Lasst uns zusammen in die göttliche Einheit des goldenen Zeitalters hineingehen. Je mehr ihr in der Lage seid, zu begreifen, dass ihr mit euren Körpern meine geliebten Kinder seid, desto mehr werdet ihr feststellen, wie ihr versorgt seid und eure materiellen Ängste loslassen könnt. Es ist genug für alle da, und ich freue mich über jedes einzelne meiner Kinder. Durch die Präsenz eures geistigen Wesens, welches ihr seid, gebt ihr mir und meiner ganzheitlichen Entwicklung und Transformation unendlich viel, denn jeder Einzelne von euch ist ein einzigartiges Geschenk für mich und alles Seiende.

So ist es.

Schule des Lachens und der Weisheit 1

Wir begrüßen dich, lieber Leser, liebe Leserin. Ich, Jophiel, und die Engel des goldgelben Strahls sind hier in diesem Raum, um dich abermals zu einer Reise einzuladen. Eine Reise in deine lichtvolle Heimat. Und so soll es auf dieser Reise um Freude und Humor gehen, lieber Freund. Wir möchten dich bitten, dir jetzt einen Bereich in deinem Leben vorzustellen, in dem du nicht über dich selbst lachen kannst. Vielleicht sind dies auch mehrere Bereiche. Du kannst davon ausgehen, dass diese Bereiche noch der Heilung bedürfen. Über dich lachen zu können bedeutet nicht, dich oder bestimmte Seiten an dir nicht ernst zu nehmen. Im Gegenteil bedeutet es, diese schweren und unerlösten Seiten in dir ernst zu nehmen als das, was sie sind, nämlich unerlöste Anteile deines Wesens, deines Daseins in der Dualität. Indem es dir gelingt, über diese Anteile offen zu lachen oder sie wohlwollend zu beschmunzeln, lachst du über dich selbst, indem du auf tiefen Ebenen anerkennst, dass du selbst es bist, der dieses Drama inszeniert hat und oftmals begleitet von vielen tragischen Opfergefühlen auch am Leben erhält. Indem es dir also gelingt, darüber zu lachen, erkennst du erneut dich selbst als Schöpfer deiner eigenen Realität an. Du lachst über deine eigene tragische Inszenierung. In diesem Lachen fließen transformierende Energien aus deinen eigenen höchsten Bewusstseinsanteilen in diese unerlösten Anteile von dir und du merkst sofort Erleichterung. Dieses Lachen ist ein Akt der Weisheit, ein liebevolles Dich- selbst- in- die- Arme- nehmen und wunderbare energetischen Auflösung und Befreiung. Gelingt es dir noch nicht, bestimmte Anteile von dieser hohen Ebene in dir zu betrachten, dann fühlt sich dein Verstand und dein Ego sehr schnell nicht ernst genommen oder gekränkt, wenn andere deine leidvollen Inszenierungen belächeln.

Wenn du bereit bist, möchten wir dich jetzt zu einer kleinen Reise einladen:

Mit einem tiefen Atemzug lässt du alles los, was dich momentan beschwert oder beunruhigt. Und mit einem weiteren Atemzug gelingt es dir, einzutauchen in das goldgelbe Licht deiner lichtvollen Heimat. Um dich herum sind jetzt unzählige Engel und Lichtwesen des goldgelben Strahles, damit beschäftigt, deine Energiezentren zu öffnen, um dich hineinzubegleiten in eine wunderbare göttliche Leichtigkeit, hinein in eine geistige Ebene des Lachens, des Humors, der Freude und Ausgelassenheit. Stelle dir jetzt vor, wie du als hellstrahlendes geistiges Wesen in deinem strahlenden Lichtkleid hinweggleitest über eine wundervolle lichtvolle Landschaft. Alles ist eingetaucht in goldenes Liebeslicht, und göttlicher Frieden liegt über allem. Du genießt deinen Flug in Begleitung von Engeln und Lichtwesen des goldgelben Strahles und deiner persönlichen geistigen Führung. Bald taucht vor dir ein großes feinstoffliches wunderschönes Gebäude auf. Im Näherkommen entdeckst du über dem riesigen Eingangsportal die Worte: *Schule des Lachens. Eintritt nur für Narren.*

Die Tür wird mit einem Knarren geöffnet und im Schlitz der sich öffnenden Türe taucht das schelmische Gesicht eines Till Eulenspiegels oder eines anderen Narren auf. Mit übertriebener Höflichkeit und einer tiefen Verbeugung bittet er dich herein.

Dein Name wird angekündigt, du trittst ein, und vor dir in dem riesigen Raum sitzt eine Reihe von Narren, die eine Art Prüfungskomitee bilden. Sie rufen dich herbei und du fragst dich, warum diese Narren sich so komisch benehmen. Einer hat die Füße auf dem Tisch und feilt sich die Fingernägel. Er nimmt nur beiläufig Notiz von dir. Einer starrt dich finster an, so als ob er durch dich hindurchschaut. Eine Närrin und ein Narr schauen dich verliebt an und machen dir schöne Augen und flüstern ihren Nachbarn zu, welch wunderschöne Gestalt du doch hättest. Eine schaut sich die ganze Zeit im Spiegel an und wird nicht müde, ihr Haar zu richten und ihre Lippen nachzuziehen. Die anderen benehmen sich ebenfalls merkwürdig, so dass du dir keinen richtigen Reim darauf machen kannst, was hier gespielt wird. Sogleich erhebt der Clown in der Mitte des Reigens das Wort. Es ist ein unscheinbares, hässliches Männlein, welches gar nicht lustig dreinschaut. Seine tiefe, dröhnende Stimme will so gar nicht zu seinem Äußeren passen. Er hat ein großes Buch vor sich liegen und streicht bedächtig deinen Namen aus einer schier endlos erscheinenden Liste von Namen. „ So“ setzt er an: „Bist du zu guter Letzt doch noch vernünftig geworden.

Nun gut, wie steht es denn jetzt mit deiner Ernsthaftigkeit, ein Narr werden zu wollen? Hierzu müssen wir dir als Erstes einmal drei Fragen stellen:

Wann hast du das letzte Mal über dich selbst schallend laut gelacht ?

Über welche Bereiche in deinem Leben kannst du auf gar keinen Fall lachen ?

Was möchtest du anstatt deiner Tragödie leben ?

Nun, lieber Freund, vielleicht ist dir jetzt eher zum Heulen zumute, weil du noch nie über dich selbst schallend laut gelacht hast. Oder du hast das Gefühl, dass du über etwas Bestimmtes in deinem Leben auf gar keinen Fall lachen möchtest. Und darüber hinaus fällt dir vielleicht gar nichts ein, womit du dein Leben anstatt dieser Tragödie füllen könntest.

Lieber Freund, dann bist du hier in bester Gesellschaft. Du bist aufgenommen in der Schule des Lachens. Der Unterricht beginnt sofort."

Ein Zwerg mit uneindeutigem Geschlecht kommt auf dich zu und führt dich in einen Nebenraum. Dort wird dir ein wunderschönes farbenprächtiges, sorgfältig gemachtes Narrenkostüm angelegt. Es ist nur für dich genäht worden. Es passt dir wie eine zweite Haut, und es macht Spaß, mit den Händen darüber zu streichen.

Als Erstes steht auf dem Stundenplan: einen Tag lang über dein Leben lachen.

Du wirst in einen großen Saal geführt, in dem in großen Buchstaben steht:

Dein Leben ist ein Narrenspiel.

Hunderte von Narrenschülern und –schülerinnen sind hier laut dröhnend und pausenlos am Lachen. Zuerst kommt es dir befremdlich vor, doch dann kannst du gar nicht anders, und auch du fängst an zu lachen. Du lachst laut los, weil alles in deinem Leben plötzlich in einem komischen Licht erscheint; deine Kindheit und all die schönen und schrecklichen Dinge. Alles erscheint dir plötzlich komisch. Du lachst und lachst und weißt gar nicht, warum du über alles lachst, aber du kannst gar nicht anders, als laut über all das zu lachen, was sich in deiner Kindheit zugetragen hat. Du nimmst dir genug Zeit für die verschiedensten Erinnerungen. Nachdem du ausgiebig über alle Situationen gelacht hast, geht es weiter in deiner Vorstellung, und alle Situationen deiner Jugend und deines jungen

Erwachsenenlebens kommen nach und nach vor dein inneres Auge und du lachst und lachst. Dein Zwergenbegleiter ermuntert dich, weiterzulachen und tatsächlich über alles in deinem Leben zu lachen. Du lachst darüber, auch wenn es noch so schön oder noch so tragisch oder schmerzhaft war. Du nimmst dir so viel Zeit, wie du brauchst, so lange bis keine Situationen mehr erscheinen. Du gehst jetzt in deiner Vorstellung in dein Erwachsenenleben bis hin zu deiner jetzigen Lebenssituation und allen Bildern und Gefühlen, die dich in deinem jetzigen Leben beschäftigen. Auch hier lachst du über alle Erfolge, alle Pleiten, Pannen, Verletzungen und Liebesgeschichten. Du lachst dich im wahrsten Sinne des Wortes selbst aus. Auch über deine tiefsten Ängste gelingt es dir, ganz einfach zu lachen. Du lachst auch über die Situationen, wegen derer du dich schämst oder schuldig fühlst oder traurig bist. Sprich innerlich die Worte: „Aus meinem tiefsten Herzen lache ich über mein ganzes Leben. Ich schenke meinem Dasein in der Dualität ein weises Lächeln und ein schallendes Lachen. Ich lache oder lächle über alle Ereignisse in meinem Leben und schließe sie so in mein göttliches Herz der Weisheit und des Lachens ein." Du nimmst dich jetzt wieder unter all den anderen lachenden Schülern wahr und spürst Freude und Stolz darüber, dass du angefangen hast, über dich selbst lachen zu können. Dein Zwergenbegleiter lächelt weise und spricht zu dir: „ Das war ein guter Anfang, mein Freund, und wir werden jetzt des öfteren hierher kommen, um zu üben, denn du sollst irgendwann ganz in diesem wundervollen Lachen aufgehen. Für heute soll es genug sein." Jetzt kannst du wieder auftauchen aus deiner Vorstellungswelt. Wir bitten dich, diese Übung tatsächlich des öfteren und wenn du magst auch laut zu wiederholen, so /lange bis es dir in deiner Vorstellung gelingt, auch über die unangenehmsten Ereignisse und Gefühle zu lachen oder dich mit einem weisen und gütigen Lächeln selbst in die Arme zu nehmen.

Schule des Lachens und der Weisheit 2

Wir begrüßen dich abermals. Hier sind Jophiel und die Engel des goldgelben Strahles. Wir laden dich heute ein zu einem weiteren Tag in der Schule des Lachens. Atme mit geschlossenen Augen tief ein und aus und entspanne dich tief. Lasse alles los und tauche ein in das Bild, wie du über die in Gold getauchte Landschaft in Begleitung von Engeln und Lichtwesen fliegst. Bald bist du in der dir schon bekannten Schule des Lachens angekommen. Du gehst durch das Eingangsportal und siehst schon einen der Narren des Prüfungskomitees auf dich zukommen. Es ist der finstere Bursche, der dich schon beim ersten Mal so durchdringend und humorlos angeblickt hat. Bevor du noch irgendetwas einwenden kannst, führt er dich eine Treppe hinunter durch einen dunklen, nur mit Fackeln beleuchteten Korridor. Am Ende des Ganges befindet sich eine schwere schmiedeeiserne Tür mit der Aufschrift: Dein dunkelstes Geheimnis. Da deine Engelsbegleiter immer an deiner Seite sind, hast du nicht so viel Angst, wie du vielleicht haben könntest, und lässt dich darauf ein, ganz langsam die Tür zu öffnen. Knarrend und unheimlich gibt sie langsam den kerzenbeschienenen Raum frei. Du trittst ein und schallendes Gelächter kommt dir aus dem Halbdunkel entgegen. Du erkennst jetzt die übrigen Narren des „Prüfungskomites“. Einer von ihnen hat sich mit einem weißen Laken über dem Kopf als Gespenst verkleidet. Alle amüsieren sich köstlich über dich und deine Ängste, die am Heraufkommen waren, und einer von ihnen ruft: „Willkommen zur dunkelsten Stunde deines Lebens.“ Du lässt jetzt alle Gefühle zu, die in dir hochkommen wollen. Vielleicht ist es Wut, Angst oder Desorientiertheit oder das Gefühl, nicht ernst genommen zu werden. Stelle dir die Situation in diesem Kellerraum genau vor. Langsam verstummt das Lachen im Raum, und du wirst gebeten, auf einem Stuhl in der Mitte des Raumes Platz zu nehmen.

Einer der Männer verschließt dir die Augen, und ein anderer sagt, dass kein Grund zu Beunruhigung bestehe. Du wirst gebeten, deine Hände in deinen Schoß zu legen, und dir wird ein kühler Gegenstand aus Metall in deine Hände gelegt. Nun wird dir die Augenbinde wieder abgenommen, und du siehst, dass es ein goldenes Ankh- Zeichen ist. Einer der Anwesenden sagt: „Das ist der Schlüssel zu deiner verborgenen Wahrheit.“ Schließe jetzt deine Augen und lasse vor deinem geistigen Auge ein gleißend helles Licht erscheinen, und in diesem gelbgoldenen Licht erstrahlt vor deinem Dritten Auge dein Ankh-Zeichen, welches du in deinen Händen hältst. Das goldene Ankh bewegt sich immer weiter hinein in das gleißend helle Licht, und du stellst dir vor, wie du hinter deinem Symbol her fliegst, mitten hinein in das immer heller werdende Licht. Immer heller und energetischer wird das Licht auf deiner Reise, bis du angekommen bist auf einer sehr lichtvollen Ebene des Seins. Vor dir entsteht eine goldene Landschaft, in deren Mitte sich eine prunkvolle aus kristallinem Material erbaute Kathedrale zeigt. Du gehst hinein und triffst auf sehr viele Engel oder Lichtwesen, die dich willkommen heißen. Auf dem reich verzierten Tisch in der Mitte des Raumes steht ein großes Geschenk für dich. Du packst es langsam aus und landest in einer Situation in deinem jetzigen oder in einem vergangenen

Leben, welche du noch nicht kennst. Egal, welche Situation sich dir jetzt zeigt, du weißt, dass es eine Gnade ist, dass dir diese Situation jetzt gezeigt wird. Du lässt die Situation vor deinem geistigen Auge ablaufen und nimmst am Ende dich selbst in dieser Situation in die Arme. Egal, was du getan hast oder was dir widerfahren ist. Du weißt, dir ist jetzt vergeben. Du verzeihst dir selbst und allen Beteiligten in dieser Situation. Lasse dir hierfür ein wenig Zeit. Nun nimmst du dich selbst wieder in der kristallinen Kathedrale wahr. Deine Engelsfreunde um dich herum lächeln dich an und reichen dir ihre geistigen Hände oder umarmen dich. Intuitiv spürst du, dass du etwas Schweres aus deiner Vergangenheit durchlichten und umpolen konntest. Lasse dir jetzt noch einen Satz für die durchlichtete und erlöste Situation kommen, wie z.B.: „Von nun an erlaube ich mir, glücklich, reich und zufrieden zu sein“ oder „Ich erlaube mir, eine erfüllte Liebesbeziehung zu leben.“ Der richtige Satz wird sich ganz automatisch vor deinem geistigen Auge zeigen. Die dich umgebenden Engel und Lichtwesen freuen sich über deinen neuen Glaubenssatz, der sich jetzt in deinem Leben verwirklichen wird. Voller Freude und Gewissheit kehrst du nun zurück in den Kellerraum der Schule des Lachens. Auch dieser Raum hat sich verwandelt und ist nun in gleißend helles Licht getaucht. Die Narren in der Runde schauen dich liebevoll und wissend an, und du hast das sichere Gefühl, dass auch sie sich freuen über diesen Auflösungsprozess. Du bedankst dich nun bei den dich umgebenden Engeln und Lichtwesen und lässt dich nun von dem finster dreinschauenden Narren wieder in die Empfangshalle führen. Du blickst ihn an und siehst, dass er sich ein liebevolles Lächeln nicht verkneifen kann. Du lächelst erleichtert zurück, verabschiedest dich von dem vorgestellten Bild und kehrst langsam zurück in dein Tagesbewusstsein.

Antwort aus meinem göttlichen ICH BIN

Lieber Freund, liebe Freundin, ich lade dich abermals ein, einzutauchen in ein inneres Bild als Ausgangspunkt für eine wunderbare innere Reise.-

Schließe bitte deine Augen und stelle dir vor, dass du dich in einer wunderbaren Naturlandschaft befindest. Du nimmst alles sehr intensiv wahr.Du riechst die Luft, spürst den Wind und nimmst den Boden unter dir wahr. Ein herrlicher Ausblick eröffnet sich dir und du fühlst dich frei und geborgen. In dieser Landschaft kannst du mit einem tiefen Atemzug alles loslassen, was dich beängstigt oder bedrückt, und du suchst dir hier einen schönen Platz, an dem du tief und fest einschlafen kannst. Stelle dir diesen Platz genau vor. Stelle dir vor, wie du dich dort entspannt und völlig geborgen fühlst. Vielleicht hörst du Vogelgezwitscher oder Meeresrauschen. Mit einem tiefen Atemzug lässt du dich hineinfallen in völlige Geborgenheit und schläfst jetzt tief und fest ein. Du erwachst in deinem Traumkörper und befindest dich in Begleitung deiner Engel und Lichtwesen schon bald im freien Weltall unter unzähligen Sternen. Zu ihnen kannst du jetzt in deinem Traumkörper mühelos reisen. Heute geht deine Reise zu dem wunderbaren Planeten Venus. In Begleitung deiner Schutzengel näherst du dich diesem wohlbekannten Planeten und landest auf der Oberfläche. Dort wirst du freudig von alten Engelsfreunden vom Planeten Venus begrüßt. Die Engel und Lichtwesen vom

Planeten Venus nehmen dich freundschaftlich in die Arme und führen dich zu einer großen Pyramide aus goldenem Licht. Du trittst ein durch die feinstoffliche Hülle dieser Pyramide und nimmst sogleich die Frequenzerhöhung in allen deinen Energiezentren wahr. Ein Engel nimmt dich an der Hand und führt dich an einen Platz in der Pyramide, der jetzt in diesem Augenblick genau der Richtige für dich ist. Es ist eine Liege, auf der du es dir bequem machst und ganz bewusst die wunderbare Liebesschwingung aus goldenem und hell schimmerndem Liebeslicht wahrnimmst. Viele Engel und Lichtwesen haben sich um deine Liege versammelt und senden dir ihre Herzensliebe aus ihrem Herzenergiezentrum zu. Du spürst, wie dadurch noch einmal deine Schwingung angehoben wird und du noch einmal ganz loslassen kannst, bis du auch auf dieser Liege fest und tief einschläfst. Du spürst, dass auch dein Traumkörper nur eine feinstoffliche Hülle ist, aus der du jetzt herausschlüpfst, um mit deinem Bewusstsein hineinzugehen in die Energie deines göttlichen ICH BIN. Du schlüpfst hinein, in die Form einer hell strahlenden Sonne oder goldenen feinstofflichen Lichtkugel. Lasse dir hierzu Zeit und sprich innerlich die Worte: „Ich bin die goldene Sonne meines hell strahlenden Christusbewusstseins“ Stelle dir die große goldgelbe Sonne oder Lichtkugel vor, die langsam um sich selbst kreist. Fühle, wie du dich im Inneren dieser Sonne befindest. Hier ist gleißend helles Licht, welches alle deine Bewusstseinsanteile und dein Körperbewusstsein durchstrahlt und durchwärmt. Sprich nun innerlich die Worte: „Ich bin angelangt im Hier und Jetzt in meinem hell strahlenden Christusbewusstsein, in meinem göttlichen ICH BIN. Mit meinem hell strahlenden göttlichen ICH BIN, mit aller Liebe aus meinem göttlichen Herzen durchstrahle ich nun all meine

Bewusstseinsanteile, die der Heilung und Umpolung bedürfen. Ich bin die hell strahlende Sonne meines lebendigen Christusbewusstseins, und in dieser wunderbaren Energie lasse ich nun eine Frage aus meinem Herzen auftauchen, die mich schon lange beschäftigt. Ich lasse mir hierzu einige Augenblicke Zeit, um dann die Antwort in Form von Bildern, Worten oder Gefühlen zuzulassen. Ich lasse alles zu, was sich aus meinem Innersten heraus zeigen will, denn ich vertraue darauf, dass dies die Antwort aus meinem göttlichen Herzen, aus meinem eigenen göttlichen ICH BIN ist. Innerlich spreche ich die Worte: Gott Vater, ich danke dir für deine wunderbare Engelsbegleitung, die es mir ermöglicht hat, einzukehren in mein hell strahlendes Christusbewusstsein, welches ICH BIN. Ich danke für die tiefe Gewissheit, eine Antwort auf meine Herzensfrage aus meinem eigenen hell strahlenden göttlichen ICH BIN erhalten zu haben. Diese meine Antwort nehme ich nun mit hinein in mein Tagesbewusstsein als wunderbare lichtvolle Energie und Gewissheit. So ist es."

Langsam verabschiede ich mich nun von dem vorgestellten Bild der goldenen Lichtkugel und kehre zunächst in die goldene Heilungspyramide auf dem Planeten Venus zurück. Ich nehme die liebevollen Engelsfreunde um mich herum wahr, die sich über meine Verbindung zu meinem höchsten göttlichen Selbst freuen. Ich verabschiede mich dankbar von ihnen, um in Engelsbegleitung zurückzukehren zu meinem wunderschönen Platz in der Natur. Dort wache ich auf und kehre nach drei tiefen Atemzügen zurück in mein Tagesbewusstsein.

Botschaften aus meinem göttlichen Selbst

Hier spricht Jophiel.

ICH BIN gekommen mit meinen goldenen Heerscharen, um dich einzuhüllen in goldgelbes Liebeslicht – das Licht deiner lichtvollen Heimat. Und, liebe Freundin, lieber Freund, bist du nicht auf diesen Planeten gekommen, um diese deine lichtvolle Heimat auf diesen Planeten zu bringen? Du magst jetzt denken: Das sind große Worte, die doch so wenig mit meinem Leben zu tun haben. Doch wir sagen dir, das Goldene Zeitalter hat bereits begonnen. Und magst du auch bis jetzt recht selten im Zustand der Glückseligkeit sein, so bist du doch mitten darinnen in den Prozessen, die dich mit der ganz konkreten Glückseligkeit und ihrem Erleben verbinden.

Ich möchte dich jetzt bitten, dreimal tief ein- und auszuatmen und dir wiederum mit geschlossenen Augen eine langsam um sich selbst rotierende Lichtkugel in deinem Herzen vorzustellen. Tauche jetzt ganz ein in diese energetische Realität, die sich immer stärker und dauerhafter in dir manifestiert. Du kannst dann deine Augen wieder öffnen, um auch mit offenen Augen die Lichtkugel in deinem Herzen zu sehen oder wahrzunehmen. Stelle dir vor, dass dich diese goldene Lichtkugel dauerhaft versorgt mit den Energien deines höchsten göttlichen Selbst und deines Christusbewusstseins. Die Lichtkugel in deinem Herzen weitet sich jetzt aus, bis sie in einem Abstand von ca. einem halben Meter um dich herum ist. Du bist jetzt mit all deinen Energiekörpern in einem goldenen Schutzmantel. Spüre ganz bewusst die Energie der goldenen Lichtkugel um dich herum und nimm die feinen Lichtfäden wahr, die sich von der goldenen Lichtkugel aus ins Universum bewegen. Durch diese feinen Lichtantennen bist du mit dem Universum verbunden und kannst nun Informationen aus feinstofflichen Bereichen deines eigenen höheren Selbst aufnehmen. Lasse dir zu dieser Übung, die du mit geschlossenen oder geöffneten Augen machen kannst, ein wenig Zeit. Die dich umgebenden Engel und Lichtwesen helfen dir dabei, die Energie der Kugel um dich herum aufrecht zu erhalten. Auch das darfst du dir zur Unterstützung bildlich und energetisch vorstellen. Lasse einfach alle Bilder zu, die sich jetzt deinem inneren Auge zeigen.- Jetzt ist das Energiefeld der goldenen Kugel um dich herum noch stabiler geworden, und du darfst dir jetzt vorstellen, wie du, dich von goldenem Licht durchtränkt, in der Mitte deiner Kugel befindest. Jetzt spürst du völlige Zentriertheit, Harmonie und göttlichen Frieden in allen deinen Bewusstseinsanteilen. Du sprichst innerlich die Worte: „ICH BIN jetzt bereit für die Botschaft aus meinem höchsten göttlichen Selbst, die mich in diesem Augenblick erreichen soll." Hierzu öffne ich mit einem tiefen Atemzug mein Herzenergiezentrum noch weiter wie eine erblühende Rose, deren Duft, Form und Farbe ich mir konkret vorstellen kann. Sprich noch einmal die Worte: „ICH BIN jetzt bereit, die Botschaft meines Herzens zu empfangen." Schließe die Augen und stelle dir jetzt vor, wie durch deine riesengroße Herzensrose eine goldene Energie in dich einströmt. Gib dich diesem energetischen Prozess ganz hin. Du brauchst jetzt nicht zu wissen, um welche Botschaft es sich handelt. Wichtig ist allein, die goldene Energie in deinem Herzen und in allen Bewusstseinsanteilen zu spüren. Du fühlst dich jetzt ganz angefüllt mit der göttlichen Liebesenergie aus dem Herzen des All-Einen. Mit dem nächsten tiefen Atemzug öffnet sich dein Stirnenergiezentrum und dein Scheitelzentrum noch weiter. Hier strömen jetzt göttliche Energien in allen Regenbogenfarben in deinen Kopfbereich und in deinen gesamten Körper ein. Du bist jetzt in deiner goldenen Lichtkugel und ganz ausgefüllt mit goldenem und regenbogenfarbigen Licht. Innerlich sprichst du die Worte: „Gott Vater und kosmische Mutter, Ich danke euch dafür, dass ich in der Gnade dieses Augenblickes angefüllt bin mit höchsten göttlichen Liebesenergien aus meinem geheiligten göttlichen ICH BIN. ICH BIN Liebe und ICH BIN Licht." Und nun öffne ich mit einem tiefen Atemzug mein Kommunikationszentrum noch weiter. Ich lasse es jetzt zu, dass sich aus meinem Kommunikationszentrum heraus Worte und Sätze formen. Ich vertraue und ich weiß, dass diese Worte und Sätze, Bilder, Gefühle oder körperliche Wahrnehmungen aus meinem göttlichen ICH BIN kommen. Wiederum lasse ich mir hierfür genügend Zeit. Ich spüre, wann der Informationsfluss ein natürliches Ende hat. Nun tauche ich mit meinen Herzensbotschaften, die von allen Bewusstseinsschichten aufgenommen worden sind, wieder auf in mein Tagesbewusstsein. Wenn ich will, darf ich diese Botschaften aufschreiben oder sie ganz einfach mit einem erfüllten Gefühl in meinem Herzen bewahren. Ich bedanke mich noch einmal bei allen Engeln und Lichtwesen, die mich in diesem Prozess unterstützt haben.

Gott zum Gruße

Das Fest des Lebens feiern

Wir, Jophiel und die Engel und Lichtwesen des goldgelben Strahles, begrüßen dich im Energiefluss bedingungsloser unendlicher Liebe aus dem Herzen des All-Einen. Visualisiere eine lichtvolle Sonne über deinem Scheitelzentrum, die dich jetzt bestrahlt. Goldgelbe Liebesenergie aus dem Herzen des All-Einen strahlt jetzt in deinen Körper und in all deine feinstofflichen und grobstofflichen Bewusstseinsanteile. Fühle immer intensiver die kraftvolle, strahlende Sonne über deinem Scheitelzentrum, welches sich immer weiter und weiter öffnet. Wie ein große Blüte ist dein Scheitelzentrum nun geöffnet und mit einem weiteren tiefen Atemzug öffnet sich dein Stirnenergiezentrum noch weiter und du nimmst weißgoldene und viollettfarbene Energien auf. Auch dein Kehlkopfzentrum und dein Herzzentrum öffnen sich jetzt noch weiter, ebenso dein Solarplexus. Viele Engel und Lichtwesen des goldgelben Strahles umgeben dich, um dir bei der optimalen Öffnung deiner Energiezentren behilflich zu sein. Du bist eine Blume im Garten Gottes und alle deine Energiezentren sind jetzt wie wunderschöne farbenprächtige Blütenkelche geöffnet. Wenn du dich jetzt in deiner wahren Schönheit sehen könntest, würdest du kaum glauben können, wie schön du bist mit deinen geöffneten Blütenkelchen. Tauche jetzt ein in das Bild, wie du als Blume mit geöffneten Blütenkelchen in einer großen Wiese stehst. Um dich herum stehen ebenfalls wunderbare Blumen, und du fühlst, dass es sich hierbei um Menschen handelt, die dir sehr nahestehen. Gib jetzt jedem der Blumen den Namen eines dir nahestehenden Menschen. Lasse dir ein wenig Zeit, um dir die verschiedenen Blumen vorzustellen, die du in deiner unmittelbaren Umgebung haben willst. Nun hast du deine liebsten Menschen in deiner Nähe in Form von Blumen um dich versammelt. Du freust dich an dem schönen Sommertag, an der wunderschönen Blumenwiese und vor allem darüber, dass deine liebsten Menschen um dich versammelt sind. Ein Blütenduft erfüllt die ganze Wiese, und es ist fast so, als ob du allen Blumen um dich herum die Hände reichen würdest. Lasse deiner Phantasie freien Lauf und stelle dir vor, dass ihr als Blumen frei beweglich seid und tanzen könnt. Ihr fangt an zu tanzen und bewegt euch umeinander in freudiger Bewegung. Auch Feen, Elfen, Zwerge und jede Menge Engel und Lichtwesen sind mit von der Partie, und langsam wird dir klar, dass du auf einem großen Fest gelandet bist. Immer mehr Bekannte kommen auf deiner Wiese an und du hörst mit deinen inneren Ohren feinstoffliche Musik. Lausche dem Gesang und den Instrumenten und nimm die Bilder wahr, die sich dir zeigen. Auf einem großen Banner über dem ganzen Geschehen steht geschrieben: „Das Fest deines Lebens – Es liegt an dir"

Schlagartig wird dir klar, dass es sich um die feinstoffliche Darstellung deines realen Lebens handelt; dass es die Schwingung der gelebten Liebe und Freude ist, die dein Leben zu einem Fest macht. In deiner Vorstellung wendest du dich jetzt wieder dem Fest zu. Du hörst ausgelassenes, fröhliches Lachen und siehst jetzt einige Blumen, die zur Belustigung der anderen eine Art Theaterstück aufführen. In diesem Theaterstück machen sich die schauspielenden Blumen über die Probleme, Ängste und Nöte der Menschen lustig. Dir ist überhaupt nicht zum Lachen zumute. Du fühlst dich vielleicht gekränkt, weil du das Gefühl hast, dass man sich auch über dich lustig macht. Du setzt dich traurig auf einen Baumstumpf und denkst nach. Doch du sitzt kaum, als schon ein kleiner Zwerg vor dir Purzelbäume schlägt und seine Kapriolen macht. Unwillkürlich fängst du an zu lachen und der kleine Zwerg macht unvermindert weiter. Jetzt äfft er dich in deiner traurigen Haltung nach und du musst noch mehr lachen. Plötzlich hast du wieder Lust zu tanzen und suchst nach deinen Blumenfreunden. Die tanzen bereits in einem bunten Reigen und du reihst dich ein. Dir ist plötzlich ganz leicht ums Herz, weil du begreifst, dass es deine Entscheidung ist, welche Gefühlsqualität du gerade erleben willst. Willst du dein Leben als freudiges Fest mit deinen Lieben erleben, oder willst du traurig in der Ecke sitzen? Dir wird immer deutlicher, dass du eine Wahl treffen kannst, von der du bisher vielleicht noch nichts wusstest. Es ist die Wahl der Freude oder des Leids. Du bist froh, dass du in deiner Vorstellung die Wahl der Freude getroffen hast. Und mit diesem wunderbaren Gefühl tauchst du jetzt langsam wieder auf aus deiner Vorstellungswelt.

Vielleicht hast du ja Lust bekommen, ein paar Freunde einzuladen und zu feiern; oder eine Idee bekommen für eine gemeinsame Reise oder ein Projekt. Wie auch immer, dir ist jetzt klarer geworden, dass es keine Zeit zu verlieren gilt beim Fest deines Lebens. Und mit diese Worten verabschieden wir uns einstweilen und wünschen dir einen freudigen Tag.

Gott zum Gruße

Ich lasse die Verwirklichung meiner Herzensvisionen zu

Alles ist möglich in dieser neuen Zeit, alles, was im Einklang mit dem Gesetz der Liebe steht. Und so dürft ihr euch vorstellen, dass eure Seele ein schier grenzenloses Bedürfnis hat, sich in dieser neuen Zeit mit all den erweiterten Möglichkeiten der Entwicklung und der Entfaltung auszuprobieren. Deine Seele möchte auf neuen Pfaden wandeln. Und du, lieber Leser, liebe Leserin, hast ja dein Ja-Wort gegeben. Du hast ja gesagt zu der Schwingungserhöhung, die den gesamten Planeten betrifft, die aber gerade auch in deinem Leben einen ganz neuen Wind blasen lässt. Lass dich erfassen von dem neuen Wind der neuen Zeit, den neuen Möglichkeiten. Lieber Freund, bitte schließe einmal erneut die Augen, um dir vorzustellen, dass du eine sehr hohe goldene Leiter erklommen hast. Und oben am Ende der Leiter hat sich dir ein neues, lichtvolles Land eröffnet. Du hast einen Rucksack auf deinem Rücken, der immer leichter geworden ist, mit jeder Stufe, die du erklommen hast. Und je leichter dein Rucksack geworden ist, um so stärker bist du geworden. Und nun bist du in deinem neuen Land, in einer neuen Zeit angekommen. Noch erscheint dir alles neu und fremd, doch nimmst du deutlich um dich herum sehr viel Licht und sehr viel Leichtigkeit wahr. Und du beginnst zu spüren, dass du mit der neu dazu gewonnenen Kraft und Leichtigkeit darangehen kannst, deinen Rucksack auszupacken und deine restlichen Ängste, Befürchtungen und Blockaden neu anzuschauen und zu lächeln und zu lachen. Du fragst dich beim Betrachten deiner alten Ängste, warum du davor Angst hattest. Und du fühlst intuitiv, dass du jetzt auf deiner neuen Seinsebene diese alten tiefen Ängste ganz leicht durchlichten und loslassen kannst. Dies ist kein intellektueller Prozess und du musst auch nicht wissen, was du alles loslassen willst. Es genügt jetzt in diesem Augenblick das Gefühl, dass alles möglich ist. Darum lasse dir jetzt in deiner Vorstellung ganz bewusst Zeit für das Bild deiner neuen lichtvollen inneren Ebene. Stelle dir vor, wie hier bekannte Menschen und Freunde genauso um dich herum sind wie Engel und Lichtwesen, die ja ebenfalls uralte Freunde von dir sind. Na, wie fühlst du dich in diesem Augenblick ? Stelle dir vor, du streckst und räkelst dich in deiner lichtdurchfluteten goldenen Landschaft. Du atmest tief ein und aus, so als wärest du aus einem langen Traum aufgewacht. Auf dich kommen jetzt Freunde und Lichtwesen zu, um dich zu umarmen und dir zu gratulieren. Sie gratulieren dir für dein geöffnetes Herz. Sie gratulieren dir dazu, dass du ja gesagt hast zu deiner Rückkehr in die lichtvolle Heimat von dir selbst. Mit jeder Umarmung und mit jeder Gratulation spürst du mehr und mehr, dass du jetzt ganz angekommen bist und ganz loslassen kannst. Du musst nichts mehr leisten, und alles kommt jetzt auf dieser neuen Ebene auf dich zu, ohne dass du etwas tun müsstest. Du spürst ganz deutlich, dass jetzt alles gut ist. Und du spürst ebenfalls, dass du dich nicht einmal mehr konzentrieren musst, um dir etwas zu wünschen. Dankbarkeit durchflutet dein Herz und dein ganzes Sein, du atmest tief und gleichmäßig, du lässt dich mehr und mehr atmen. Lasse nun alle Bilder und Gefühle in deinem Inneren auftauchen, die sich dir zeigen wollen, und nimm dir wiederum soviel Zeit, wie du möchtest. Sprich in dir die Worte: „ICH BIN ein geliebtes Kind Gottes. Alle meine Herzenswünsche haben sich bereits feinstofflich materialisiert. Gott Vater und kosmische Mutter, mit großer Freude und Dankbarkeit in meinem Herzen lasse ich jetzt mit meinem ganzen weit geöffneten Bewusstsein zu, dass göttliche Gnade aus der höchsten göttlichen Quelle in mein Leben fließt. Ich lasse es zu und sage ganz bewusst ja zu der Verwirklichung aller meiner Herzensträume und Visionen. ICH BIN bereit, nun all das in der Realität meines Lebens in Empfang zu nehmen, wonach ich mich schon so lange aus ganzem Herzen gesehnt habe.

So ist es. So ist es. So ist es."

Mit geschlossenen Augen lasse ich jetzt die innere Gewissheit in mir nachschwingen, denn ich weiß um die Realität dessen, was ich jetzt innerlich erlebt habe und was sich mir gezeigt hat. Mit geöffnetem und lichtdurchfluteten Herzen bedanke ich mich bei meinen Engelsfreunden und bei der höchsten göttlichen Energie, die soeben ihren Gnadenstrom in meinem Leben manifestiert hat.

ICH BIN Liebe

ICH BIN, der ICH BIN, spricht dein göttliches Selbst zu dir. Du selbst sprichst aus dir die Worte: ICH BIN, der ICH BIN. Dein Wille geschehe. Der göttliche Wille in mir geschehe. Alles geschehe nach deinem Willen in mir. Es gibt keinen anderen neben mir. ICH BIN in dir alle Tage. Du bist in mir alle Tage. Was auch im Außen geschieht, mein Freund, meine Freundin, du bist in mir, so wie ich in dir bin.

Lass nun alles los, was dich in diesem Augenblick beschäftigt. Komm und folge mir nach.

ICH BIN die Wahrheit und das Leben.

ICH BIN die alles umfassende göttliche Liebe in dir.

Du bist die alles umfassende Liebe. Mit allen Gedanken, Gefühlen, mit all deinen Stärken und Schwächen. Wie sollte es etwas außerhalb von mir geben. ICH BIN die alles umfassende Liebe in dir und in allem Sein. ICH BIN die tätige Liebe, die in diesem Augenblick alles Seiende durchwirkt. Ich gehe neben dir. ICH BIN in dir. Egal, was du tust, egal, was du denkst, egal, ob du durch dein Handeln und Denken gerade deine Schwingung erhöhst oder erniedrigst. ICH BIN immer da, um dich zu begleiten durch die Wogen deines Lebens. Spürst du mich in dir, neben dir, in allem Seienden? Es ist ganz einfach, und doch ist es so schwer für dich Menschenkind, zu erkennen, zu fühlen und zu akzeptieren, dass du Liebe bist, dass du untrennbar mit der Liebe und der Einheit alles Seienden verbunden bist.

Sprich innerlich die Worte:

„ICH BIN das göttliche Licht der Liebe in mir.

ICH BIN alles verzeihende, alles tröstende, alles heilende göttliche Liebe.

In diesem Augenblick göttlicher Gnade gebe ich alles hinein in den göttlichen Urquell der Liebe, was der Heilung, des Trostes, der Ganzwerdung bedarf. ICH BIN die Liebe, in meinem gesamten Bewusstsein und allen meinen Körperzellen.

ICH BIN göttlicher Friede, der alles Seiende umfasst und durchdringt."

Schließe jetzt noch einmal bewusst die Augen, um über dein weit geöffnetes Herzenergiezentrum folgende Gebetsenergie aufzunehmen:

Das goldene höchste Liebeslicht aus der Quelle meines göttlichen Seins durchdringt in der Gnade dieses Augenblickes alle meine Seinsbereiche und Bewusstseinsanteile.

ICH BIN jetzt eingebunden in deinen Strom alles verzeihender göttlicher Gnade und göttlicher Vergebung, die mich öffnet für den Himmel auf Erden.

Denn ich habe ja gesagt mit all meinen Bewusstseinsanteilen, dass nun Erfüllung in allen meinen Seinsbereichen in mein Leben tritt.

So ist es.

Reise durch die Dimensionen

Wir begrüßen dich, lieber Freund, liebe Freundin. ICH BIN Jophiel vom goldgelben Urenergiestrahl Gottes. Heute möchte ich dir ein wenig erzählen von der bevorstehenden Zeit des goldenen Lichtes. Wie schon gesagt, kennst du diese bevorstehende Zeit bereits sehr gut, weil du ja aus den Regionen des goldenen Lichtes hinabgestiegen bist, als du dich vor Urzeiten entschlossen hast, am großen Experiment der Dualität teilzunehmen. Es verhält sich nicht so, dass du irgendwann einmal in der Einheit beschlossen hast, als Mensch zu leben. Vielmehr bist du über viele Stufen und viele Ebenen hinabgestiegen, in denen sich die Individualisierung deiner Einzelseele vollzogen hat. Es gab viele Stufen des Vergessens, des Zusammenziehens und Verdichtens deiner ursprünglich grenzenlosen göttlichen Energie, die dem unmittelbaren Energiefeld der Einheit angegliedert war. So wie ein Elektron sich je nach seiner Energetisierung auf verschiedenen Energieebenen bzw. Schalen aufhält, so hast auch du, lieber Leser, die verschiedenen Seinsebenen deiner Seele, die du durchschritten hast, als vollkommen neue Welten erlebt. Um in einem Bild zu bleiben, bist du im wahrsten Sinne des Wortes die Himmelsleiter hinabgestiegen. Und jedes Mal, wenn du in der nächst tieferen Ebene angekommen bist, bist du vorher durch ein großes Tor, eine energetische Lichtschleuse gegangen. Jede Nacht, wenn du schlafen gehst, gehst du durch eine große Schleuse oder großes Tor. Meistens weißt du am nächsten Morgen nicht einmal, wo du überall gewesen bist. Du darfst jedoch sicher sein, dass du, in den verschiedensten geistigen Ebenen unterwegs warst. Du darfst sicher sein, dass du von deinem Geistführer oder Schutzengel geführt, viele Abenteuer bestanden hast. Allein der Übergang von einer Bewusstseinsebene in die andere ist ein geistiges Abenteuer sondergleichen. Könnte es nicht sein, dass du nie mehr aus dem Schlaf erwachst? Du weißt doch gar nicht, wo sich dein Geist hinbegibt. Du hast höchstens bruchstückhafte Erinnerungen von deinen nächtlichen Reisen. Es ist möglich, dass du in einer Nacht viele Energieschleusen durchreist, um dich auf den verschiedenen Ebenen gemäß deines Seelenplanes oder auch deiner bewussten Absicht mit bestimmten Energien aufzuladen, die für deine Entwicklung wichtig sind. Jedes Mal finden auch wichtige energetische Ausgleichungen statt, die nicht nur für deine Bewusstseinsprozesse, sondern auch für die Entwicklung von anderen Menschen wichtig sind. Denn alle Menschen sind auch über die Traumebene sehr real und sehr energetisch miteinander verbunden. Dies ist ein sehr weites und überaus interessantes Feld, und die moderne Traumforschung und Psychologie hat noch nicht einmal einen Bruchteil dessen erfasst, was sich in jedem Traum für dich und das große Ganze abspielt. Dieses Medium, zusammen mit seiner Seelenpartnerin, hat hier noch einiges in der nächsten Zeit zu übermitteln. Vorerst mag genügen, dass du ab heute anfangen kannst, noch mehr das Potenzial deines Traumgeschehens zu nutzen. Und zwar weniger dadurch, dass du versuchst, möglichst viel Erinnerungen an deine Träume zu behalten, die du dann mit verschiedensten Methoden deuten kannst, sondern vielmehr dadurch, dass du dir vor jedem Einschlafen bewusst machst, dass du in dieser Nacht wieder einmal viele Dimensionen und Realitäten durchreisen wirst und dass du in jeder Dimension in einen neuen, veränderten Energiekörper schlüpfst. Mache dir bewusst, dass du viele Abenteuer bestehen und viele interessante Sachen erleben wirst. Und du hast ganz sicher auch neue Verbindungen geschaffen zwischen verschiedenen Bewusstseinsanteilen und Bewusstseinsebenen. Das bedeutet ganzheitliche Entwicklung für dich und für alles Seiende. Du darfst dich auch ganz einfach entscheiden, mit welchen Menschen oder Engeln und Lichtwesen du dich in dieser Nacht treffen möchtest. Du, lieber Leser, darfst dir vorstellen, dass du bereits viele Sprossen der Himmelsleiter wieder nach oben gestiegen bist, so dass du den Himmel, aus dem du gekommen bist, bereits deutlich sehen oder fühlen kannst. Sei glücklich über deine bereits gemachten Schritte zurück in deine göttliche Ganzheit. Du kannst dir ebenfalls vorstellen und darum bitten, dass ein aktuelles Problem, welches dich möglicherweise schon länger begleitet, in deinen Träumen in Form eines wunderbaren Abenteuers oder in Form einer wunderbaren Traumerfahrung gelöst werden möge. Du kannst dir vorstellen, dass sich bereits viele Tore, die streng versiegelt waren zwischen verschiedenen Bewusstseinsebenen, längst wieder geöffnet haben und stattdessen eine durchlässige Membran getreten ist, die du leicht durchschreiten kannst. Die Schleier zu den feinstofflichen Welten haben sich bereits gelüftet und werden sich von Tag zu Tag mehr lüften, für dich und für das große Ganze. Je mehr du in deinem Bewusstsein in der Lage bist, Freude und Leichtigkeit als Kern deines Seins hier auf diesem Planeten zuzulassen, desto mehr darfst du in Träumen, Meditationen und in der Folge auch in deinem Bewusstsein in die lichtvolleren Seinsebenen hinüberschauen und sie als deine konkreten, Lebensrealität auch fühlen. Als Abschluss dieses Kapitels darf ich dich noch zu einer kleinen Übung einladen:

Bitte schließe die Augen und stelle dir einen Ort der Ruhe und des Friedens inmitten einer wunderschönen Landschaft vor. Ein Engel mit einem großen Buch kommt auf dich zu und schlägt vor dir die erste Seite auf. In großen Lettern steht hier: *Die Abenteuer und Erlebnisse des Traum- und Dimensionsreisenden: (dein Name).* Du schlägst das Buch auf und stellst fest, dass schon unzählige spannende Geschichten von jeder Nacht deines Lebens hier aufgeschrieben worden sind. Bald kommst du zur ersten leeren Seite und überlegst dir eine passende Überschrift für die Reisen und Abenteuer in der kommenden Nacht.

Heute Abend vor dem Einschlafen gehe ganz einfach wieder in dieses Bild hinein. Du wirst sehen, dass in dieser Nacht etwas anderes oder Besonderes in deinen Traumreisen geschehen wird.

Mit dieser kleinen Übung möchte ich mich nun verabschieden und wünsche dir viel Freude bei deiner Reise durch die Dimensionen.

Ich sage ja

Hier spricht Jophiel und die Engel des goldgelben Strahles. Wir sind die Engel der goldgelben Urenergie Gottes. Auch wir Engel des goldgelben Strahles haben eine sehr große Bandbreite an göttlichen Energien, die sich zum einen durch die Schwingungsart und zum anderen durch die Schwingungshöhe unterscheiden. Und so könnt ihr euch vorstellen, dass jedes Medium genau die Bandbreite des goldgelben Strahles hindurchlässt, für die es geöffnet ist. So hat sich dieses Medium auf grund seiner Öffnungsprozesse bereit erklärt, Energien des goldgelben Strahles in Form von Übungen in Schriftform und in Form von Tonträgern, die dieses Buch ergänzen, zu übermitteln. Es sind dies Energien der neuen Zeit, die vor allem auch durch diese Art und Weise sehr stark in euer Tagesbewusstsein integriert werden können. Das bedeutet, dass die einfließenden Energien unmittelbar mit eurem Verstand und euren Gefühlen aufgenommen und angewendet werden können.

Und so darf ich euch bitten, jetzt die Augen zu schließen und mit mir diese nächste Übung zu machen:

Bitte stelle dir vor, auf einem hohen Berg oder Aussichtspunkt in der Natur zu sitzen. Du fühlst dich wohl und geborgen. Die Sonne scheint, die Wolken ziehen, und du kannst dich immer mehr hineinfühlen in diesen wunderbaren Ort des Friedens, der Ruhe, der Erkenntnis und der Kraft. Auch in deiner Vorstellung schließt du noch einmal die Augen und versinkst in einen tiefen Schlaf. Du schläfst tief und fest ein und erwachst in deinem Traumkörper. Dein Traumkörper ist dir aus deinen Träumen wohlbekannt. Es ist dein feinstofflicher Reisekörper, mit dem du mühelos jegliche Orte des Universums besuchen kannst. Und so beschließt du, hinaus zu schweben in die sternenklare Nacht. Du siehst und fühlst, dass das ganze Universum von goldenem, funkelndem Licht durchflutet ist. Du lässt das Gefühl zu, dass sich etwas verändert hat in dem dir bekannten Universum. Alles ist durchwirkt von diesem feinen hochschwingenden goldenen Licht. Und auch du mit deinem feinstofflichen Traumkörper bist durchflutet von dem goldenen Licht der neuen Zeit. Du läßt in dir die Worte und Gefühle entstehen:

ICH BIN angekommen in meinem göttlichen Seelenlicht.

ICH BIN angekommen in meiner goldenen Lichtheimat.

ICH BIN angekommen in meinem Goldenen Zeitalter, welches jetzt für mich beginnt. Ich sage ja zu meinem ganzheitlichen Neubeginn in meinem Leben. Von nun an lasse ich göttliche Führung in allen Aspekten meines Lebens zu, denn meine göttliche Führung ist Ausdruck meines Herzenssehnens und meiner Herzensmotivation und des göttlichen Willens in mir. Göttlicher Wille meint es gut mit mir in allen Aspekten meines Seins. Ich sage ja zu ganzheitlicher Veränderung.

Alles in meinem Leben wird nun zu meinem Besten gefügt, denn ich habe mich entschieden dazu, dass alles gut ist und gut wird in meinem Leben.

Gott Vater und kosmische Mutter, ich lasse mich nun ganz tief fallen in göttliches Urvertrauen, in eure göttlichen Hände. Ich lasse ganz bewusst alle alten Vorstellungen und Wünsche los, um mich ganz und gar meinem tiefsten Herzenssehnen anzuschließen, welches nun in meinem Leben Wirklichkeit wird – einem Leben in Glückseligkeit, Erfolg und Freude in allen Aspekten meines Seins. So ist es.

Ich verweile jetzt noch in meiner Vorstellung, dass ich in den Händen Gottes ruhe. Alles ist gut und alles wird gut.

Tiefe Beruhigung, tiefes Wissen und tiefe Erkenntnis tritt ein in alle meine Seelenschichten. Ich habe JA gesagt zu göttlichem Segen und göttlicher Fülle auf allen meinen Seinsebenen.

Kehre nun langsam zurück zu deinem Platz in der Natur und dann in dein Tagesbewusstsein.

Der Atemstrom Gottes in mir

Wir begrüßen dich erneut, liebe Leserin, lieber Leser.

Bitte schließe für einen Augenblick die Augen und achte auf deinen Atem. Nimm wahr, wie die Luft in deine Lungen einströmt und wieder ausströmt. Lass es einfach zu, ohne etwas kontrollieren zu wollen. Beobachte so deinen Atem ca. 2 Minuten lang und fühle, dass er automatisch tiefer wird. Es atmet dich. Gib dich dem göttlichen Atem hin. Dein Atem ist göttliche Energie. Das göttliche Selbst versorgt mit dem Atemstrom Körper, Geist und Seele. Der Atem ist das Tor zu deiner Göttlichkeit. Durch den Atem bist du mit allen Sphären und Dimensionen verbunden. Wenn du deinem Atem lauschst, hörst du die Sprache Gottes. Wenn du deinen Atem so fließen lässt, wie er fließen will, kommen alle feinstofflichen und grobstofflichen Energien in dir in einen natürlichen Ausgleich. Einatmen und Ausatmen sind die beiden Grundpfeiler Gottes in der Dualität. Stelle dir jetzt das Rauschen der Wellen vor, wie sie rythmisch an den Strand rollen. –

Einatmen – ausatmen – zulassen, was der Atem mit dir machen will. Gib dich einfach hin. Wer ist es, der dich da atmet? Nicht du bist es mit deinem bewussten Willen. Es ist das All-Eine, welches dich am Leben erhält und dich trägt in deinem ganzen Sein. Du bist geborgen im Strom des göttlichen Atems. Stelle dir nun deinen Atemstrom als weißgoldenes Licht vor, welches funkelt und glitzert. Lass dich fallen in den goldenen Strom deines Atems. Schließe die Augen und stelle dir vor, wie dich dieser göttliche Atemstrom hin- und herwiegt. Du bist geborgen im ewigen Atem Gottes. Und mit jedem Atemzug lässt du mehr und mehr alle Anspannungen, Tagesgedanken und Ängste los. Hier im göttlichen Strom des Atems Gottes ruhst du in tiefem, göttlichen Frieden; Frieden mit dir selbst, Frieden mit jeglicher Situation in deinem Leben. Und nun darfst du in diesem Strom des unendlichen Aufgehobenseins eine Herzensfrage stellen. Eine Frage, die dich vielleicht schon lange beschäftigt. Eine Frage, die als Energie aus deinem Herzen kommt und die du dem Strom des göttlichen Atems übergibst. Hier, in dem Strom Gottes, bist du verbunden mit deiner Herzensweisheit und Wahrheit.-

Lass nun einfach die Energie der göttlichen Antwort in dein ganzes Wesen einströmen, ohne dass jetzt Worte in deinem Inneren entstehen müssten. Gib dich ganz einfach diesem energetischen Prozess hin im Vertrauen, dass göttliche Antworten auf deine tiefsten Herzensfragen jetzt zu dir gekommen sind und sich dir unmittelbar oder in den kommenden Stunden oder Tagen in aller Deutlichkeit zeigen werden. Lass dich jetzt noch einige Augenblicke im Strom dieser Energie wiegen. Alles ist gut, so wie es ist. Wir verabschieden uns für diesen Augenblick von dir und wünschen dir viel Freude mit den Antworten deines Herzens.

Ich entfache das göttliche Licht in meinem Körper

Aus dem Herzen des All-Einen begrüßen wir dich, liebe Leserin und lieber Leser.

Wir hüllen dich ein in Ströme goldgelben Lichtes. Alle deine Zellen, alle deine Organe werden nun aufgefüllt mit wunderbarer goldgelber Liebesessenz aus deiner göttlichen Lichtheimat. Manna für all deine feinstofflichen und grobstofflichen Bewusstseinsanteile.

Was passiert genau in der Gnade dieses Augenblickes?

Nun, lieber Freund, liebe Freundin, unzählige Engel und Lichtwesen vom goldgelben Strahl sind gerade dabei, unzählige feine Lichtfäden aus deinen höchsten Bewusstseinsebenen mit deinen Körperzellen zu verbinden, mit deinen emotionalen Bewusstseinsanteilen, mit deinen Gedanken und Verstandesanteilen, sofern diese bereits dafür geöffnet sind. Deine Energiezentren werden immer weiter geöffnet und du kannst, wenn du möchtest, dies mit einem tiefen Atemzug unterstützen. Ist es nicht wunderbar, dich einfach hinzugeben in die Obhut der dich umgebenden Engel und Lichtwesen, in dem Bewusstsein, dass du weiter nichts tun musst? Gib dich hin, entspanne dich. Die Engel sind da und versorgen dich mit unendlich wohltuenden, liebenden Energien deiner goldenen Lichtheimat. Fühle dich jetzt einmal hinein in eine Zelle deines Körpers. Suche dir aus, in welchem Körperteil diese Zelle sich befindet und denke und fühle dich dann in diese Zelle deines Körpers hinein. Stelle dir vor, du bist der lichtvolle Mittelpunkt deiner Zelle und du strahlst als lichtvoller Kern in alle Bereiche deiner Zelle und hinein in die Zellwände, die jetzt von deiner ausgesandten Lichtenergie zu leuchten beginnen. Du nimmst nun um deine Zelle andere Zellen wahr, die du jetzt mit deinem Licht ansteckst. Denn das Licht aus deiner Zelle dringt hinein in das Licht der umgebenden Zellen. In dem Augenblick, in dem das Licht den Kern der Nachbarzelle berührt, beginnt auch diese zu leuchten. Und so kannst du dir vom Mittelpunkt deiner Zelle aus vorstellen, wie alle erleuchteten Zellen wiederum ihr Licht erstrahlen lassen, um andere Zellen zum Leuchten zu bringen. Und so entsteht vor deinem geistigen Auge das Bild eines sich entfachenden Lichtermeeres, bis alle deine Körperzellen wunderbar erstrahlen. Und nun gehst du mit deinem Bewusstsein wieder in deinen ganzen Körper und nimmst deinen ganzen Körper als ein einziges leuchtendes Wesen wahr. So ist es.

Lieber Freund, liebe Freundin, wir bitten dich, diese Übung insbesondere dann zu wiederholen, wenn du krank bist oder dich körperlich unwohl fühlst. Du wirst sehen, wie schnell die Energie in deinem Körper ansteigt und Heilung geschehen kann. Darüber hinaus ist dir vielleicht aufgefallen, dass diese Übung dir zeigt, wie du als Lichtträger wirkst, allein dadurch, dass du dein eigenes Licht entfachst. Du bist dann wie eine göttliche Fackel, die imstande ist, eine riesige Menschenmenge mit dem Licht deiner Liebe anzustecken.

Gott zum Gruße

Ja, ich trete ein durch das Tor zum Goldenen Zeitalter

Jophiel und die Engel und Lichtwesen vom goldgelben Strahl begrüßen dich an diesem deinen Lebenstag.

Wie fühlst du dich lieber Freund, liebe Freundin. Geht es dir gut ?

Nun, wie du dich, in diesem Augenblick in dieser deiner Lebenszeit auch fühlen magst, es ist in Ordnung, denn du hast dir in deiner wunderbaren Schöpferkraft diesen Augenblick erschaffen. Und falls er nicht perfekt sein sollte, lieber Freund, liebe Freundin, so machen wir ihn jetzt perfekt. Wir bitten dich, in der Gnade dieses Augenblickes einmal in dein Sonnengeflecht hinein zu denken und zu fühlen und dieses mit einem tiefen Atemzug noch weiter zu öffnen. Vor deinem geistigen Auge, welches du mit einem tiefen Atemzug öffnest, entsteht jetzt ein riesengroßer goldgelber Lichttunnel. Du stellst dich dir als ein glitzerndes, funkelndes, strahlendes Lichtwesen vor, welches jetzt diesen Lichttunnel betritt. Du bist ein wunderschönes hellstrahlendes Lichtwesen, ebenso wie unzählige Engel, die in diesem unendlich langen Lichttunnel schweben. Der Tunnel geht in weiter Ferne in gleißend helles Liebeslicht über. Du spürst, dass es das Licht deiner göttlichen Heimat ist. Du lässt dich von zwei Engeln an den Händen nehmen, und ihr schwebt hinein ins goldene Licht, vorbei an vielen Engeln und Lichtwesen, die dir zuwinken. Lasse dich ganz in diese Vorstellung hineinfallen, auch wenn sie dir kitschig erscheinen mag, denn du bist hier in deiner feinstofflichen Realität. Du nimmst das goldene Licht um dich herum immer plastischer wahr und auch die leicht unterschiedlichen Frequenzen der Engel, an denen du vorübergleitest. Immer höher und höher wird die Schwingung in all deinen Körperzellen und feinstofflichen Bewusstseinsanteilen, denn du schwebst immer weiter hinein in den goldenen göttlichen Lichttunnel. Deine Sinne schärfen sich und du nimmst einen sehr feinen Duft von Rosen wahr. Sogleich öffnet sich dein Herzenergiezentrum noch weiter und eine wohlige Freude durchströmt dich. Es ist die Freude an deinem eigenen Sein, die Freude darüber, dass du spürst, dass du deiner eigenen Seelenessenz immer näher kommst. Denn du weißt:

ICH BIN Liebe und ICH BIN Licht.

Noch tiefer lässt du dich hineinfallen in dieses wohlige Gefühl der Geborgenheit, hineinfallen in den wunderbaren Rosenduft, der dich umgibt. Deine Reise geht weiter in das goldene Licht und du spürst, wie du mit deinem Lichtkörper, mit dem du reist, immer heller, lichter und transparenter wirst. Gleichzeitig wirst du immer wacher und präsenter. Bald bist du am Ende des Lichttunnels angekommen. Hier befindet sich eine Art Tor aus transparentem hochschwingendem Licht. Du atmest noch einmal tief ein und sprichst innerlich die Worte:

Ja, ich trete ein durch das Tor zum Goldenen Zeitalter.

Ich trete ein in die unendliche göttliche Weite meines göttlichen Seins.

Ich trete ein in das, was ICH BIN.

ICH BIN eine Wesenheit Gottes aus Liebe und Licht.

Ich trete ein in das Haus meines Vaters, in dem ich die göttliche Allmacht des Sohnes, der Tochter habe. Gott Vater und kosmische Mutter, ICH BIN jetzt da, ICH BIN zurückgekehrt in euer Haus, das Haus, aus dem ich einst kam . Nehmt mich in eure göttlichen Arme, Gott Vater und Gott Mutter, damit ich wieder der sein kann, der ICH BIN.

ICH BIN, der ICH BIN
ICH BIN, der ICH BIN
ICH BIN, der ICH BIN

Das goldene Licht aus dem Hause meines Vater und meiner göttlichen Mutter durchströmt nun mein ganzes Sein.

Gott Vater und kosmische Mutter, von nun an sind wir vereint, denn ICH BIN zurückgekehrt in meine goldene Lichtheimat. Alles, was fortan geschieht, ist euer Wille, ist mein Wille, denn mein Wille und euer Wille sind nun eins geworden. Amen.

Langsam löst du dich aus dieser Vorstellung deiner wunderbaren feinstofflichen Realität, deiner höchst entwickelten Bewusstseinsanteile und kehrst langsam zurück in dein Tagesbewusstsein. Du weißt: Abermals hat Verschmelzung stattgefunden und deine goldene Lichtheimat in dir ist abermals energetisch in dir installiert worden und wird mit jedem Atemzug fühlbarer für dich.

Die Zeit wird bald kommen, da dich dauerhafte Freude und Glückseligkeit durchströmen. So ist es.

Gott zum Gruße

Ich erschaffe jetzt in großer Leichtigkeit und Freude meine Zukunft

Wir begrüßen dich, lieber Bruder, liebe Schwester im Licht.

Das heutige Kapitel handelt davon, wie du in Freude und Leichtigkeit deine Zukunft erschaffst.

Nichts fällt dem menschlichen Verstand schwerer als zu glauben, dass alles im Leben in großer Freude und Leichtigkeit verlaufen kann, ja, wenn es nach dem Willen Gottes geht, auch verlaufen soll. Meint ihr im Ernst, Gott Vater und die kosmische Mutter hätten mutwillig euren Weg mit Schwierigkeiten und Prüfungen gepflastert ? Das Gegenteil ist der Fall. Die allumfassende göttliche Liebe sieht für euer Leben Freude, Leichtigkeit, Freude und noch mehr Freude vor. Denn der göttlichen Liebe in euch entspricht niemals die Schwere und Anstrengung, die euch noch so oft begleitet und von der ihr immer noch insgeheim annehmt, dass sie euch adelt, weil euch eure Anstrengung doch scheinbar eure spirituelle Ernsthaftigkeit beweist.

Und so bitten wir dich deshalb, in folgendes innere Bild einzutauchen:

Du befindest dich auf der dir schon vertrauten grünen Wiese. Die Sonne scheint und du spürst das Gras unter deinen Füßen. Du fühlst dich wohl und lässt alle Sorgen und Ängste deines Alltags einfach los. Es geht mir gut, sagst du dir innerlich, denn ich habe nicht den geringsten Grund, mir Sorgen zu machen. In meinem inneren Bild begegnet mir jetzt auf meiner Wiese ein kleiner Zwerg:" Ich dachte, dich gibt's nur im Märchen", sagst du zu ihm, „aber ICH BIN ausgesprochen erfreut, dich hier zu treffen." Ihr bemerkt, dass der Zwerg komische Bewegungen macht, so als wollte er euch etwas zeigen. „Hallo, lieber Zwerg", sagst du zu ihm, „möchtest du mir etwas zeigen?" „Ja", sagt der Zwerg, der plötzlich sprechen kann. „Du hast es erraten. Die Engel des goldenen Lichtes haben mich gebeten, dir jetzt in diesem Augenblick etwas Wunderbares zu zeigen." Der Zwerg führt dich über die Wiese zu dem Eingang einer großen Höhle. Die Höhle ist verschlossen, und der Zwerg spricht, indem er gleichzeitig merkwürdige Bewegungen macht, folgende Zauberworte:

„Höhle der Leichtigkeit, Höhle der Freude, öffne dich jetzt mit Leichtigkeit, öffne dich mit göttlicher Heiterkeit."

Der schwere Stein vor der Höhle schiebt sich schwerelos beiseite und gibt den Blick ins Höhleninnere frei. Ein goldenes Glitzern und Funkeln umfängt dich. Du betrittst die Höhle und fühlst dich augenblicklich wie in Aladins Wunderland. Der kleine Zwerg, der dich begleitet, hat dich an der Hand genommen und führt dich durch die Höhle. Er bittet dich, dass du dich zu ihm herunterbeugst, damit er dir ein Geheimnis ins Ohr flüstern kann. Er sagt zu dir : „Alles, was du hier siehst, hast du dir selbst durch die Kraft deiner Vorstellung erschaffen." Jetzt stelle dir bitte neben all dem glitzernden Gold und den glitzernden Juwelen all das vor, was du jetzt gerne in deinem Leben haben möchtest. Vielleicht stellst du dir eine Reise vor oder einen Partner an deiner Seite oder die Verwirklichung eines Projektes, von dem du schon lange träumst. Schließe in deiner Höhle die Augen und lasse alle Bilder und Visionen entstehen, die sich dir zeigen wollen.

Alles, was sich jetzt gezeigt hat, ist Teil deiner Herzenswahrheit und Herzenssehnsucht. Deshalb bergen all diese deine Bilder eine hohe Kraft der Materialisation in sich. Denn sie sind ja bereits feinstoffliche Realität und sind jetzt noch einmal durch deine Herzenskraft und deine Gefühle aufgeladen worden. Auch wir Engel und Lichtwesen unterstützen, gemäß den uns zur Verfügung stehenden Mitteln, diese deine Herzenswünsche und Visionen. So ist es.

Und jetzt, lieber Freund, liebe Freundin, möchten wir dich bitten, mit deinem Zwergenbegleiter eine Reise in die Zukunft zu unternehmen. Dafür schenkt dir dein Begleiter zunächst einmal einen feinstofflichen Zauberstab. Stelle dir deinen Zauberstab ganz konkret vor. Vielleicht trägt er einen Kristall an dem einen Ende oder hat eine andere ganz besondere Form. Nun nimmst du den Zauberstab in deine rechte Hand und sprichst in deiner Höhle laut die Worte:

> „Gott Vater und kosmische Mutter, ICH BIN der Schöpfer meines Seins und ich erschaffe meine Realität in der Gnade dieses Augenblickes in großer Freude und Leichtigkeit.
>
> Ich bedanke mich aus meinem tiefsten Herzen dafür, dass ich jetzt meine göttliche Schöpferkraft ganz annehme; und zwar zu meinem Wohle und zum Wohle alles Seienden."

Jetzt, lieber Freund, liebe Freundin, bist du gut gerüstet für deine Reise in deine eigene Zukunft.

Du schwingst deinen Zauberstab und versetzt dich damit in eine Situation deiner Zukunft. Stelle dir diese Situation so real wie möglich vor und nimm dir soviel Zeit, wie du möchtest.

Die dich umgebenden Engel und Lichtwesen unterstützen dich bei deiner Reise in die Zukunft.

Alles ist gut und richtig, was du siehst. Lasse all deine Bilder und Gefühle jetzt ganz einfach in deinem Herzen und in deinem ganzen Wesen wirken, denn du hast jetzt sehr stark die energetische Realität deiner Zukunft in deiner Gegenwart, in deinen Gedanken, Gefühlen und deinem Körper verankert. So kann deine zukünftige Realität in deinem jetzigen Leben für die Anziehung und damit Erfüllung deiner Zukunftsvision sorgen. Und das, lieber Freund, geschieht jetzt von selbst, ohne dein weiteres bewusstes Dazutun. Du wirst in den nächsten Tagen, Wochen oder Monaten feststellen, wie Gelegenheiten, Ideen oder Impulse bezüglich deiner Vision auf dich zukommen bzw. in dir entstehen. Alle diese Dinge werden von einem unmittelbaren Gefühl von Freude und Leichtigkeit begleitet sein. Dann, lieber Freund, liebe Freundin, darfst du sicher sein, dass du selbst es warst, der diese Möglichkeiten und Realitäten mit Hilfe der Engel und Lichtwesen in dein Leben gerufen hat. Natürlich kannst du auch, wenn du das Gefühl hast, dass Ängste oder Zweifel aufkommen, von Zeit zu Zeit noch einmal in die Zukunft reisen, um deine feinstoffliche Realität zu stärken. Wir wünschen dir noch viel Freude und Leichtigkeit.

Gott zum Gruße

Das Goldene Zeitalter ist in mir

Wir begrüßen dich, lieber Leser, liebe Leserin. Vielleicht möchtest du ja mehr über das Goldene Zeitalter erfahren? Wie das alles sein wird und was dich und die Menschheit dort erwartet und wann es endlich soweit ist, bis die Menschheit in diesen Zustand der Glückseligkeit und Fülle eingetreten sein wird? Nun, lieber Freund, liebe Freundin, die Antwort lautet: jetzt. Die Schwingungen auf dem Planeten Erde sind bereits soweit angehoben, dass wir feinstofflich bereits das Goldene Zeitalter haben, und all die Missstände und Naturkatastrophen sind Ausdruck der angehobenen Schwingung des Goldenen Zeitalters, denn alles, was nicht mehr dieser angehobenen Schwingung entspricht, kommt ans Licht der Realität, wird sichtbar. Alles, was nicht mehr dieser neuen Schwingung entspricht, verschwindet im wahrsten Sinne des Wortes von diesem Planeten. Natürlicherweise ist das ein Prozess, der noch die nächsten Jahre in Anspruch nehmen wird. Und auch im Jahre 2012 wird die Umpolung noch nicht abgeschlossen sein, denn jeder Mensch und jedes Land hat seine eigene Entwicklung und Geschwindigkeit. Aus unserer Sicht wollen wir möglichst vielen Menschen die Möglichkeit geben, diesen Umpolungsprozess im physischen Körper zu erleben, das heißt, diese enorme Schwingungserhöhung und den Übergang in die nächst höhere Dimension, möglichst angenehm zu überstehen. Das, was wir dir in diesem Augenblick sagen möchten, ist, dass das Goldene Zeitalter ausschließlich in dir ist. Das bedeutet, dass das Goldene Zeitalter nur soweit für dich Bedeutung hat, wie du es in deinen Gefühlen und Gedanken auch erleben kannst. Das heißt, allein die Schwingungserhöhung in dir entscheidet, ob du deine jetzige Gegenwart als golden erlebst. Das entscheidende Maß dafür ist die Liebe. Wie viel Liebe empfindest du in diesem Augenblick für dich und für andere Menschen? Die Freude ist das sichere Zeichen für den Liebesfluss in dir, denn da, wo Freude ist, da ist immer auch Liebe. So könnten wir dir die wunderbarsten Dinge und Errungenschaften des Goldenen Zeitalters beschreiben, du jedoch würdest bei manchem nur ungläubig den Kopf schütteln, weil du es dir nicht vorstellen kannst oder es dir ganz anders vorgestellt hast. Denn, lieber Freund, liebe Freundin, im Außen, in der Welt der Materie wird sich zunächst einmal viel weniger ändern, als du das vielleicht annimmst. Der hauptsächliche Wandel geschieht in den Herzen der Menschen. Deine Gefühle verändern sich. Stelle dir einmal einen erleuchteten Yogi oder einen anderen Menschen vor, der erleuchtet ist. Glaubst du, dass dieser Mensch auch nur im geringsten von den materiellen Bedingungen im Außen abhängig ist? Und genau das ist dir vielleicht auch schon einmal aufgefallen. Dass die Freude in dir keinen äußeren Anlass braucht. Freude ist durch nichts im Außen dauerhaft in Gang zu setzen. Freude lässt sich ganz allein durch den Liebesfluss aus deinem göttlichen Herzen dauerhaft in deinem Leben fühlen. Das Goldene Zeitalter besteht also als Erstes und Wichtigstes darin, dass jeder Mensch dauerhaft an den Liebes- und Freudenfluss aus seinem göttlichen ICH BIN angeschlossen ist. Dadurch allein sind die vielen Wunder und neuen technischen Errungenschaften des Goldenen Zeitalters möglich, die natürlicherweise dann das Leben aller Menschen erleichtern werden und auch im äußeren Leben Leichtigkeit, Glückseligkeit und Fülle ermöglichen.

Gott zum Gruße

Rückkehr in die Schwingung von Lemuria und Atlantis

Wir begrüßen dich voller Freude und voller Dankbarkeit in unserem Herzen. Jubel ist in unseren Sphären über das, was in dieser Zeit geschieht. Es ist dies die Zeit der großen Rückkehr in die goldene Zeit. Es ist dies die Zeit, die die meisten von euch so gut kennen. Es ist die Zeit von Lemuria und der ersten Zeit des atlantischen Zeitalters – die Zeit der Liebe, der Schöpferkraft und der grenzenlosen Freude. In der Gnade dieses Augenblickes öffnen die goldenen Engels- und Liebesenergien um dich herum alle deine Energiezentren und dein Scheitelzentrum noch weiter.

Atme tief ein, mein Freund, meine Freundin. Goldgelbes Licht der Gnade, der Liebe, der Erkenntnis strömt in dich ein. Dein Kronenchakra ist jetzt weit geöffnet und der goldgelbe Liebesstrom Gottes strömt in dein ganzheitliches Sein. Du bist durchstrahlt und umgeben von göttlichem Licht der Weisheit, der Herzensfreude, der Erkenntnis und des Wiedererkennens. Denn, lieber Freund, liebe Freundin, so lange hast du die Erinnerung an das Goldene Zeitalter in dir von dir ferngehalten. Du wolltest dich nicht übermannen lassen von deiner Sehnsucht danach. Glaubtest du doch nach dem Fall von Atlantis, dass niemals mehr eine solche Zeit kommen könnte. Und glaubtest du doch, mitschuldig zu sein, dass Atlantis untergegangen ist. Dies sind tief verborgene Seelenschichten, die aber viele Lichtarbeiter so oft im entscheidenden Augenblick immer wieder abgehalten haben, in ihre göttliche Kraft, in ihr göttliches Licht, in ihre Freude, Glückseligkeit und ihr volles Potenzial hineinzugehen. Jetzt ist die Zeit der großen Durchlichtung, der großen Gnade gekommen, denn jetzt sind die Ströme der Liebe, Gnade und Vergebung auf dem Planeten Erde so groß, dass Auflösung dieser tiefen Seelenschichten nicht nur individuell für einige Vorreiter, sondern global für alle Menschen geschehen kann. Es bedarf nur deines tiefen, aus dem Herzen kommenden „Ja" für diese göttliche „Generalamnesie". Bitte verstehe uns nicht falsch. Die göttliche Quelle kennt kein Verurteilen. Du selber hast dir diese Schuld und Scham erschaffen, um noch tiefere Erfahrungen des Getrenntseins zu machen. Die Grenze zum Goldenen Zeitalter kann nun überwunden werden, in dem du Vergebung zulässt, in dem du erkennst, dass alles gut und richtig war, wie du es dir erschaffen hast. Die kollektive und persönliche Schuld am Untergang von Atlantis war ein Mittel für deine persönliche Entwicklung; war ein Mittel, mit dem Gott durch dich als Werkzeug Erfahrungen sammeln konnte über die Illusion der Getrenntheit. Die Schleier der Illusion sind durchbrochen. Und auch für dich, lieber Leser, liebe Leserin, ist das Goldene Zeitalter bereits angebrochen. Goldgelbe Ströme des Lichtes sorgen in der Gnade dieses Augenblickes dafür, dass die aufgenommenen Erkenntnis-Energien für Heilung und Auflösung in tiefen Seelenschichten sorgen. Bleibe ganz einfach jetzt einige Augenblicke in dieser Schwingung und lasse in dir die Worte wiederklingen:

ICH BIN bereit für das Goldene Zeitalter. Ich weiß, dass alles, was geschah, Bestandteil des großen göttlichen Planes war. Ich weiß jetzt, dass meine Schuld nur ein Mittel für meine Entwicklung war. Vergebung und göttliche Gnade geschieht jetzt in allen meinen Bewusstseinsanteilen:

„Gott Vater und kosmische Mutter, mit der tiefen Inbrunst meines Herzens nehme ich jetzt göttliche Gnade und göttliche Vergebung auf allen Ebenen meines Seins an. ICH BIN umfangen und aufgehoben in den lichtvollen Strömen meiner goldenen Lichtheimat. Und ICH BIN gekommen, um meine lichtvolle göttliche Persönlichkeit mit ihrem ganzen Wirken diesem Planeten zum Geschenk zu machen. So ist es."

Gott zum Gruße

Die Jokerengel bringen dich zum Lachen

Wir begrüßen dich aus den Sphären des goldgelben Lichtes.

Wir durchstrahlen dich in der Gnade dieses Augenblickes mit den Energien puren Goldes und purer Freude. So haben wir am heutigen Tage die Jokerengel mitgebracht. Die Jokerengel kannst du dir sehr mit der Farbe gelb verbunden vorstellen. Sie sind ein Teil des goldgelben Strahles. Sie haben sehr viel mit der Energie der Erleuchtung und Transformation zu tun. Das Lachen an sich hat eine befreiende und erleuchtende Wirkung. Ein Mensch, der sich aus ganzem Herzen ausschüttet vor Lachen, befreit sich in diesem Augenblick von ganz viel Schwere und Dunkelheit.

Und so bitten wir dich, in der Gnade dieses Augenblickes dein Herzenergiezentrum noch weiter zu öffnen, um hierüber folgende Energien aufzunehmen:

Ich öffne mich für wunderbare goldgelbe Freudenenergien, Energien des Lachens und der Heiterkeit. Im tiefsten Herzen weiß ich, dass diese Welt mit all ihren Erscheinungen nur ein Spiel ist. Ein Spiel Gottes mit sich selbst. Ein freudiges Spiel, in dem wir selbst uns als Gott oder Göttin erfahren dürfen. Und so geht es darum, einmal kräftig über all unsere Sorgen und Ängste zu lachen, wissen wir doch, dass unser Freund Verstand triumphiert, wenn wir uns sorgen und ängstigen, wenn wir alles so ernst nehmen, dass uns das Lachen und die Freude vergeht.

Es gibt nichts, liebe Freunde, worüber ihr in eurem Leben nicht lachen könntet. Das hat zu tun damit, dass ihr darüber lachen könnt und lachen solltet, dass euer Verstand bzw. Ego euch vorzumachen versucht, dass ihr euch, durch welches Ereignis auch immer, von eurer Lebensfreude, eurem Lachen, eurer Heiterkeit abschneiden müsstet. Liebe Freunde, ihr seid niemals allein, ihr alle besitzt unsterbliche Seelen, und ihr alle seid jeden Augenblick geborgen in alles umfassender göttlicher Liebe, in den Händen Gottes. Deshalb, liebe Freunde, könnt ihr lachen in jedem Augenblick eures Lebens. Lachen bedeutet ganz einfach loszulassen. In eurem von Herzen kommenden Lachen ist eure größte Herzenswahrheit enthalten. Es gibt keinen Grund, nicht zu lachen, selbst oder gerade dann, wenn ihr etwas verloren habt. Sei es euer Haus, eure Arbeitsstelle oder einen Partner. Je tiefer der Verlust, um so mehr wisst ihr, dass eure Seele selbst euch diese Umstände kreiert hat, damit ihr lernt, loszulassen. Wenn also das große Übel erst einmal hereingebrochen ist, liebe Freunde, dann gibt es nichts Heilsameres, als ganz einfach aus tiefstem Herzen zu lachen und all diese Anhaftung loszulassen. Du bist göttlich, du bist Liebe. Und nichts und niemand auf der Welt kann das zerstören. Und jede Erfahrung, die du machst, bringt dich dieser Erfahrung näher.

So laden dich jetzt die Jokerengel zu folgender Übung ein:

Atme tief ein und aus, schließe die Augen und betrachte deinen Wohnort und dein Leben vom Weltenraum aus, so als seiest du ein Astronaut. Du sitzt also gemütlich in deiner Weltraumkapsel und schaust zum Fenster hinaus auf die Erde. Um dein Raumschiff herum haben sich schon die Jokerengel eingefunden und winken dir freudig zu. Sie machen Faxen und amüsieren sich und versuchen dich zum Lachen zu bringen.

Vielleicht sind sie auch in der Kapsel und wollen dich kitzeln. Das alles findest du amüsant, oder aber du bist völlig genervt. Vielleicht fragst du dich auch, was diese fragwürdige Übung hier soll. Wie dem auch sei. Die Jokerengel hören nicht auf, sich zu belustigen und sich vor lauter Heiterkeit zu überschlagen. Und nun schaust du hinunter auf dein Leben. Auf all die Situationen und Begebenheiten und Gefühle in deinem jetzigen Leben. Die Engel um dich herum hören nicht auf, sich förmlich kaputtzulachen. Und nun betrachtest du in deinem kleinen Leben, welches sich gerade auf der Erde abspielt, deine größte Angst oder deinen größten Kummer. Lass die Bilder und Gefühle einfach in dir aufsteigen, bis alle Gefühle in dir sind. Die Jokerengel um dich herum sind weiterhin dabei, sich über dich zu belustigen. Deine ganzen Gefühle scheinen sie nicht im geringsten in ihrem Amüsement zu stören. Sie lachen laut und brüllen vor Lachen angesichts deiner Gefühle. Du jedoch versuchst weiterhin in deinen unerlösten Gefühlen und Ängsten zu bleiben. Die Situation spitzt sich möglicherweise in dir zu. Du versuchst, ernst zu bleiben, bis du irgendwann anfängst, unwillkürlich mitzulachen. Trotz deiner Ängste, Sorgen oder Probleme fängst du an zu lachen. Du machst einfach mit bei dem Lachen der Jokerengel. Du lässt dich immer mehr anstecken, bis du schließlich innerlich und vielleicht auch äußerlich mitlachst, was das Zeug hält. Du lachst und lachst und lachst. Du lachst immer weiter, trotz deiner Ängste, Sorgen und Nöte, über jede nur erdenkliche Situation in deinem Leben.

Lache einfach weiter, solange du die befreienden Energien deines Lachens und der Jokerengel spürst.

Ja, du darfst über alles in deinem Leben lachen. Lachen reinigt und befreit. Lieber Freund, liebe Freundin, in dieser

Übung hast du wiederum über Einiges in deinem Leben gelacht. Vielleicht ist dir ja selbst aufgefallen, wie dein Freund Verstand dich versucht hat abzuhalten, über dies oder jenes zu lachen. Und vielleicht konntest du ja auch die Erfahrung machen, wie du plötzlich über deinen Freund Verstand lachen konntest, der dir weiszumachen versucht, dass einige Dinge in deinem Leben so wichtig und ernst sind, dass man keinesfalls darüber lachen sollte.

Dann, lieber Freund, liebe Freundin, konntest du feststellen, dass es der Natur des Verstandes entspricht, auf jeden Fall einige scheinbar unlösbare Probleme und Ängste aufrechtzuerhalten. Deshalb möchten dich die Jokerengel des goldgelben Strahles ermutigen, sie möglichst oft einzuladen und ganz herzhaft über alles in deinem Leben einmal kräftig zu lachen. Mit der Zeit wirst du dann die Feststellung machen, dass sich vieles, was du in deinem Leben für unlösbar hieltest, ganz einfach in Luft auflöst.

Gott zum Gruße

Göttliche Eigenschaften annehmen

Wir begrüßen dich, lieber Freund, liebe Freundin, in deiner göttlichen Größe.

Wie gefällt dir das?

Goldene Lichtströme durchfluten dich.

Öffne mit einem tiefen Atemzug alle deine Energiezentren ganz weit und sprich innerlich die Worte:

ICH BIN bereit, der zu sein, der ich im Innersten bin.

ICH BIN bereit, im Hier und Jetzt, in meinem Alltag, meine Einzigartigkeit und meine göttliche Größe anzuerkennen.

Lieber Freund, liebe Freundin,

ich, Jophiel, und die Engel des goldgelben Strahles laden dich in der Gnade dieses Augenblickes auf mit wunderbaren Lichtenergien. Atme einmal ganz tief diese wunderbare Lichtenergie ein, und du wirst fühlen, wie jede Zelle deines Körpers aufgeladen wird mit göttlicher Lichtsubstanz. Diese goldgelbe Lichtenergie ist sehr real und substanziell. Stelle dir vor, wie jede einzelne Körperzelle jetzt prallvoll ist mit goldgelber Lichtenergie. Dieser Vorgang wird von uns Engeln und Lichtwesen noch unterstützt. Wir helfen dir dabei, all deine Energiezentren mit einem tiefen Atemzug noch weiter zu öffnen. Wir sind jetzt ganz nah bei dir, um dich herum und durchdringen dich in dem Maße, in dem du dich öffnen kannst und es dir zuträglich ist, denn jegliche Frequenzerhöhung geschieht unter höchster allumfassender Obhut. Wir haben jetzt die Verbindungen zu deinem Höheren Selbst aufgebaut. Du kannst diesen Vorgang unterstützen, indem du dir vorstellst, dass sich dein Drittes Auge und dein Scheitelzentrum wie wunderbare feinstoffliche Blumen noch weiter öffnen. Lass nun ganz los und lass dich ganz einfach fallen, hinein in diesen wunderbaren göttlichen Energiefluss. Du wirst jetzt ganzheitlich aufgeladen mit genau den Schwingungen, die du jetzt brauchst. Der himmlische Vater und die göttliche Mutter wissen, was du in diesem Augenblick brauchst. Alles, was du tun musst, ist, dich ganz einfach hinzugeben. Wenn du magst, kannst du deinen Atem beobachten. Oder du kannst dir weiterhin vorstellen, wie wir um dich herum sind und wie du in all deinen Bewusstseinsanteilen von uns verwöhnt wirst. Herrliche Energien der Heilung, Erkenntnis, Erweiterung und Ganzwerdung.

Für manche stellt sich neben der goldgelben Energie ein wunderbares Farbenmeer dar. Einige sehen und fühlen ihren inneren Lieblingsplatz und ihre Lieblingslandschaft. Andere fühlen ganz einfach die wunderbare Wärme, die jetzt den ganzen Körper erfüllt, oder das Gefühl des tiefen inneren Friedens. Lass alle Gefühle, Bilder, Gedanken oder körperliche Empfindungen zu, ohne etwas Bestimmtes denken oder fühlen zu wollen. Lass ganz einfach alles zu, was in dir geschehen oder sich zeigen möchte. Nimm dir in Ruhe dafür Zeit. –

Was fühlst du jetzt? Nimm das Gefühl oder die Gefühle, welche jetzt in dir sind, ganz tief an. Sie sind Geschenke aus deinem eigenen göttlichen Selbst und der dich umgebenden Engel und Lichtwesen. Es sind göttliche Eigenschaften, die zu dir gehören und die dich in der nächsten Zeit besonders begleiten werden. Wir verabschieden uns jetzt ganz allmählich von dir und reduzieren wieder die Schwingung, um sie deinem Tagesbewusstsein anzupassen. Wiederum hast du dich für neue göttliche Energien geöffnet, die verankert worden sind. Um diese Verankerung zu unterstützen, kannst du beispielsweise diese göttlichen Gefühle, wie Frieden, Dankbarkeit, Freude, Mut oder Vertrauen auf ein Blatt Papier schreiben und bei dir tragen oder vielleicht ein kleines Bild malen, ganz wie es dir gefällt. Oder du beschließt ganz einfach, mehrmals am Tag innezuhalten und dieses Gefühl zu fühlen.

Gott zum Gruße

Meine Reise ins Glück

Aus den Tiefen unseres lichtvollen Seins begrüßen wir dich, lieber Freund, liebe Freundin, Jophiel spricht. Du bist umgeben von unzähligen Engeln und Lichtwesen, die dich in der Gnade dieses Augenblickes mit hochschwingenden Lichtebenen in dir verbinden. So kannst du Einblick gewinnen in dir bisher unbekannte Dimensionen. Die Trennung in dir und von allem Seienden wird immer mehr aufgehoben. Und, lieber Freund, liebe Freundin, so fängst du an zu ahnen, welche neuen Möglichkeiten des inneren Reisens du mit fortschreitender Entwicklung dazugewinnst. Und wenn ich von diesen inneren Reisen spreche, so wird dir immer klarer und deutlicher werden, dass du auf diesen inneren Reisen auch inneres Neuland dazugewinnst. Und das bedeutet, dass dir neue Energiefelder und Bewusstseinsanteile zugänglich gemacht werden, die dir dann im Alltag direkt oder manchmal zunächst indirekt zur Verfügung stehen.

Und mit diesen Worten mochten wir dich mitnehmen auf eine wunderbare Reise, eine Reise ins Glück:

Zunächst einmal fragen wir dich: Wann warst du das letzte Mal ganz und gar glücklich? Erinnere bitte diese Situation und versetze dich erneut mit einem tiefen Atemzug in diese Situation. Was hast du gefühlt ? –

Erinnere möglichst genau jede Einzelheit und lasse dir ein wenig Zeit dazu. –

Und nun stelle dir bitte vor, dass du dieses wunderbare Gefühl über dein gesamtes zukünftiges Leben ausdehnst, und lasse dir hierzu ebenfalls ein wenig Zeit. –

Die Engel um dich herum verankern diese Vorstellung, die sehr stark energetisch wirkt, jetzt tief in deinen Gefühlen und Bewusstseinsstrukturen, so dass dich dieses wunderbare Glücksgefühl zukünftig permanent als bewusste oder unbewusste Energie begleiten kann.

Und nun, lieber Freund, wollen wir gemeinsam eine neue, noch nicht vorhandene glückliche Situation erschaffen. Stelle dir hierzu vor, dass dich zwei wunderbare goldene Engel durch den goldenen Lichttunnel führen. Am weit entfernten Ende strahlt dir gleißend helles Licht entgegen. Du lässt mit einem tiefen Atemzug jetzt alle Ängste und Anspannungen los und kommst innerlich immer mehr in eine tiefe Ruhe und einen allumfassenden Frieden. – Beobachte ein paar Atemzüge, wie dein Atem ein- und ausströmt, wie es dich atmet. Du fühlst, dass du jetzt ganz einfach sein darfst. Du musst nichts tun oder denken. Du darfst in diesem Augenblick ganz einfach nur sein. –

Sprich innerlich die Worte :

ICH BIN goldene, hellstrahlende göttliche Lichtpräsenz.

ICH BIN goldene, hellstrahlende göttliche Lichtpräsenz.

ICH BIN hellstrahlende goldene göttliche Lichtpräsenz.

Aus meinem innersten Sein werden alle meine Bewusstseinsanteile und alles Seiende mit goldenem Licht durchflutet. ICH BIN jetzt eins mit allem Seienden. ICH BIN in vollkommenem Einklang mit all meinen Bewusstseinsanteilen und allem Seienden. Ich lasse jetzt alle meine Gedanken und Emotionen los und lasse nun den höchsten göttlichen Willen in mir zu. Ich befinde mich jetzt wieder mit meinen goldenen

Engelsbegleitern in meinem goldenen Lichttunnel und schwebe in großer Vorfreude zum Ende des Lichttunnels, um mich ganz und gar von gleißendem Liebeslicht in Empfang nehmen zu lassen. Nun trete ich durch das lichtvolle große Tor und bin auf meiner neuen Ebene angekommen. Ich atme tief ein und aus und lasse nun alle Bilder und Gefühle zu, die sich mir jetzt zeigen wollen. Alles ist gut und richtig, was sich nun zeigt, denn ICH BIN unter höchstem göttlichen Schutz. Lasse dir zu dieser Vorstellung so lange Zeit, wie du willst, und bleibe dann mit geöffneten Augen, soweit dir dies möglich ist, in diesen Bildern und Gefühlen. –

Ist es nicht wunderbar, dass du dir jetzt eine glückliche Situation in deiner Zukunft geschaffen hast, die bereits feinstoffliche Realität geworden ist! Bleibe noch ein wenig in diesen Bildern und Energien, denn auch diese Gefühle und Bilder werden jetzt sehr stark mit Hilfe der anwesenden Engel und Lichtwesen in deinem Energiefeld manifestiert, um dich auf sehr kraftvolle Art und Weise begleiten zu können und Wirklichkeit in deinem Leben zu werden.

Gott zum Gruße

Ich schreibe das Buch meines Lebens neu

Wir begrüßen dich, wir, die Engel und Lichtwesen vom goldgelben Strahl.

Unser Schreiber weiß nicht so recht, ob heute eine Übermittlung kommen wird oder nicht.

Nun, lieber Leser, wir wollen die kommende Seite einmal leer lassen. Atme einmal tief ein und aus, schließe deine Augen und entspanne dich. Jetzt öffne die Augen wieder und betrachte dir die folgende leere Doppelseite ca. 2 bis 3 Minuten lang. Atme noch einmal tief ein und aus, schließe wieder die Augen und sprich innerlich die Worte:

Gott Vater und kosmische Mutter, in diesem Augenblick schreibe ich mit meinem Herzen mein Leben neu. Alles Alte lasse ich los und entscheide mich hier und jetzt für einen kompletten Neubeginn in meinem Leben. Ich schreibe das Buch meines Lebens mit der Sprache meines Herzens neu.

Ich stelle mir vor, wie die mich umgebenden Engel und Lichtwesen mir jetzt dabei helfen, meine Energiezentren noch weiter zu öffnen. Aus meinem Herzen fällt ein goldgelber Lichtstrahl auf meine leere Doppelseite, und ich lasse nun alle Bilder, Gefühle, Empfindungen oder Botschaften zu. Ich stelle mir vor, wie die zwei Seiten gefüllt sind mit goldgelber Liebesenergie meines Herzens. Ich weiß, dass dies die Energien meiner goldenen Zukunft sind. Ich weiß, dass dies bereits existierende und lebendige Energien aus meiner Parallelrealität sind.

Ich weiß, dass ich lediglich zulassen muss, meine Herzensenergien ungehindert und ohne das Zutun meines Verstandes fließen zu lassen. Es spielt keine Rolle, ob sich jetzt bei dir, lieber Freund, liebe Freundin, konkrete Bilder und Informationen gezeigt haben oder nicht, denn du hast ganz tief in dir die Erlaubnis gegeben, dass von nun an deine lichtvolle Parallelrealität deine goldene Zukunft gestaltet. Mehr brauchst du im Augenblick nicht zu tun. –

Und so verabschieden wir uns von dir, liebe Schwester, lieber Bruder des Lichtes.

Wir sind uns sehr nahe gekommen und unsere Energien haben sich durchdrungen. Wir heißen dich nochmals willkommen im göttlichen, goldenen Liebeslicht. Es ist wunderbar, deine Öffnungen und Durchlichtungen zu sehen; zu sehen, wie sich dein feinstoffliches Gewand gefärbt hat mit den Farben und Energien deiner goldenen Lichtheimat. Du darfst gewiss sein, dass wir dich jede Sekunde deines Lebens begleiten, so lange bis alle deine Herzenswünsche Realität geworden sind und du mit allen Menschen, Engeln und Lichtwesen das Paradies auf Erden erschaffen hast. So ist es.

Gott zum Gruße

bitte wenden...

Das Buc

eines Lebens

Über den Autor

Andreas Bader ist seit 1996 als Übermittler und Energiekanal für die geistige Welt tätig. Durch ihn teilen sich neben Erzengel Jophiel die verschiedensten Engel und Lichtwesen mit. Darunter befinden sich insbesondere Amora, ein Engel der Liebe, Erzengel Michael und die Christus-Energie.

Sein Herzensanliegen ist es, den Kontakt zu unseren wunderbaren Engelsfreunden zu intensivieren, denn sie sind in der Lage, uns in unseren göttlichen Seelenkern und damit in ein Leben voller Freude, Leichtigkeit, Fülle und Glückseligkeit hineinzuführen.

Themenschwerpunkte seiner Arbeit sind Seelenpartnerschaft, Männlichkeit und Spiritualität und die konkrete Begleitung durch Engelssitzungen und telefonische Engelsberatungen.

Er lebt und arbeitet zusammen mit seiner Frau Waltraud Rempe am wunderschönen Ammersee, wo auch wöchentliche Meditationen und regelmäßige Seminare stattfinden. In ihrer liebenden Verbindung als Seelenhälften bilden sie einen gemeinsamen Energieträger, der hochenergetische Heilenergien und Informationen aus der geistigen Welt übermittelt.

Weitere Informationen unter: www.Engelsbotschaften.de

Mögen alle Wesen glücklich sein

Empfohlene Bücher anderer Meister und Engel im ch. falk-verlag

Meister Hilarion:

Lichtbotschaften des Aufgestiegenen Meisters Hilarion

ISBN 3-89568-116-4

Neue Lichtbotschaften, Gespräche mit Meister Hilarion

ISBN 3-89568-138-5

Meister Hilarion beantwortet Lebensfragen

ISBN 3-89568-161-X

Meister El Morya:

Herzens-Bildung

ISBN 3-89568-146-6

Juwelen

ISBN 3-89568-147-4

Das Lehrerbuch: über das gewaltfreie Unterrichten

ISBN 3-89568-159-8

Meister Saint Germain:

Das Tor zum goldenen Zeitalter

ISBN 3-89568-135-0

Das Tor zur körperlichen Transformation

ISBN 3-89568-137-7

Das Tor zur partnerschaftlichen Liebe

ISBN 3-89568-145-8

Die neuen Wege der Liebe – CD

ISBN 3-89568-163-6

Lord und Lady Meru:

Werkzeuge der Schöpfung

ISBN 3-89568-134-2

Erzengel Raffael:

Erzengel Raffael spricht

ISBN 3-89568-155-5

Erzengel Raffael spricht – CD

ISBN 3-89568-156-3